KB029865

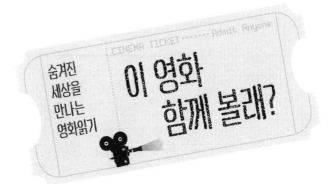

CINEMA TICKET······ Admit Anyone

숨겨진
세상을
만나는
영화읽기

이 영화
함께 볼래?

윤 희 윤 지 음

문학동네

2015년은 영화 탄생 백이십 주년을 맞는 해이자 문학동네에서 펴
낸 제 첫 책 『이 영화 함께 볼래?』를 탈고한 지 십이 년이 되는 해입니
다. '비친 그림'이란 뜻을 지닌 영화(映畫)는 세상을 바라보는 창(窓)
이자 인간의 영혼을 비춰 주는 거울, 나아가 세상의 변화를 이끄는
매개체로서 우리 삶의 중요한 일부가 되어 가고 있습니다. 영화 한
편을 제대로 본다는 것은 단순히 극장에서 오락거리를 소비하는 행
위, 여가 활동을 넘어 영화 속 다양한 세계와 그 사이에 내재하는
그물망의 숨은 의미를 파악하는 인문학적 행위와 맞닿아 있습니다.
 이 책에 골라 담은 영화는 모두 과거와 현재, 익숙한 것과 새로운
것, 사람과 사람 사이의 '만남'을 열쇳말로 하고 있습니다. 영화 안
에서 이루어지는 만남과 관계의 중요성은 물론, 영화를 통해 호기
심과 창의력을 자극하고 풍요로운 만남을 공유할 수 있도록 기본적

인 영화 정보 외에 함께 나눌 이야기와 상식, 함께 보면 좋을 영화와
책도 챙겨 보았습니다.

돌이켜 보건대 영화읽기의 틀을 갖추기까지, 책을 내기까지 많은
사람과의 '만남'이 있었습니다. 1997년부터 함께 수업했던 수많은
얼굴들…… 류가빈, 조항준, 유석원 학생과 나눈 이야기는 본문에
도 고스란히 녹아 있습니다. 2001년 처음 '영화읽기지도사' 과정을
수강한 고양 YWCA와 논현문화교실 수강생들과의 만남은 여러모
로 자극이 되었습니다. 특히 '영화로 보는 역사' '영화로 역사읽기'
수업을 함께한 명지대, 성공회대 학생들과의 만남은 이 책을 마무리
하고 다음을 궁리하는 원동력이 되었습니다.

우리 사는 세상에 '만남'이라는 단어만큼 일상적이면서도 울림이
큰 말이 또 있을까요? 누군가를 설레게 하고, 변화시키고, 더러는
고꾸라지게 하다가도 다시 일으켜 세우는 동인 역시 모두 '만남'에
서 비롯되는 것 같습니다. '영화읽기'라는 게 사람 사는 이야기를 사
람들과 나누어야 하는 것이니 그야말로 영화 안팎에서 수많은 사람
들을 원 없이 만난 셈입니다. 앞으로도 현실과 환영 사이에서 만날
수많은 사람들을 생각하면 여전히 가슴이 뜁니다.

어둠 속에서 뿜어져 나오는 한 줄기 빛, 무지개가 아닌 광학적인
빛의 파장들……. '지금' '여기' 제가 서 있는 경계이자 지점입니다.
모쪼록 이 책이 독자들에게 영화라는 '빛'을 통해 자신만의 색다른
'빛'을 발견하고 숨겨진 세상을 만나는 통로가 될 수 있기를 바랍니
다. 아울러 만남과 소통의 즐거움을 동시에 얻는 '에듀테인먼트로서

의 영화읽기'라는 틈새 하나를 더 찾아냈으면 합니다.

끝으로 좌충우돌 헤매고 미적거릴 때마다 "그게 뭐 어때서? 바로 그게 너만의 색깔인걸!" 말해 주는 내 스승이자 친구인 이부영 강명초 선생님과 최영희 메타인지연구소 소장님, '영화읽기'라는 새로운 시도에 대해 현장에서 충고와 격려를 아끼지 않던 어린이문화연대 이주영 이사장님, 학교도서관네트워크 김경숙 사무처장님, 마지막으로 첫 책을 낼 때만 해도 〈서편제〉를 보며 〈진도아리랑〉을 따라 부르던 초등학생이었지만 이제는 국악을 전공하는 대학원생으로 훌쩍 커 버린 최서윤 양에게도 이 자리를 빌려 감사의 말을 전합니다.

윤희윤

일러두기

· 외래어 표기는 국립국어원의 외래어 표기법을 따랐으나, 영화 제목과
  영화 속 등장인물들의 이름은 혼동을 피하기 위해 개봉 당시의 표기를 따랐다.

· 본문 중의 ◦ 표시는 '상식 한 컷~세 컷'을 통해 자세히 다루었다.

차 례

작가의 말 … 5

역사

곡스 우리 할아버지의 할아버지, 또 그 할아버지의 할아버지는 어떻게 살았을까?   15

아스테릭스 로마 군대와 맞서 싸운 갈리아 영웅들과 카이사르의 색다른 모습   23

의적 로빈 후드 귀족에서 십자군 전쟁의 포로, 그리고 도적의 왕자로   30

징기스 칸 소년 테무진이 징기스 칸이란 칭호를 얻기까지   40

1492 콜럼버스 제3의 항로를 따라 미지의 땅을 발견한 사나이   48

에버 애프터 중세와 근대를 잇는 다리, 르네상스 정신을 말하는 영화   55

인생은 아름다워 전쟁의 포화 속에서 피어난 아름다운 거짓말   64

아름다운 시절 고난 속에서 간직한 희망의 불씨   72

성장

키드 찰리 채플린의 어린 시절을 투영한 자전적 영화   83

오즈의 마법사 인간을 만드는 세 가지 요소, 지혜·마음·용기   90

개 같은 내 인생 성장은 환경과의 끊임없는 대화   98

포레스트 검프 바보와 영웅은 종이 한 장 차이?   105

사이먼 버치 마음의 키를 훌쩍 키우는 영화   112

나의 장미빛 인생 소녀가 되고 싶은 소년의 꿈   121

빌리 엘리어트 탄광촌에서 피어난 노란 민들레꽃   128

우리들의 일그러진 영웅 어느 시대, 어느 곳에든 존재하는 영웅 혹은 반영웅   135

예술

명화의 외출 조의 우상은 빈센트 반 고흐, 그렇다면 나의 우상은?   145

피카소 사물의 존재 방식을 새롭게 발견한 큐비즘의 대가   152

로빙화 잘 그린 그림이란 어떤 그림을 말하는 것일까?   159

나의 왼발 엄지발가락 사이에서 피어난 장미 한 송이   167

아마데우스 살리에리의 눈을 통해 본 모차르트의 삶과 음악   174

불멸의 연인 유서 속의 비밀을 추적하다 발견한 베토벤 음악의 비밀   183

샤인 장애를 딛고 일어선 피아니스트 데이비드 헬프갓의 생애   190

서편제 소리의 감동, 그리고 아름다운 길을 따라가는 빛그림   198

추천의 글 | 이용관   207

추천의 글 | 박재동   209

함께 보면 좋을 영화들   211

가 볼 만한 웹 사이트   213

도움이 된 글   214

역사

곡스

아스테릭스

의적 로빈 후드

징기스 칸

1492 콜럼버스

에버 애프터

인생은 아름다워

아름다운 시절

곡스

원제 Gogs
감독 데이니얼 모리스(1994년, 영국)
배경 원시시대(구석기시대)
상영 시간 71분(전체 관람가)

우리 할아버지의 할아버지,
또 그 할아버지의 할아버지는 어떻게 살았을까?

우리 할아버지의 할아버지, 또 그 할아버지의 할아버지……. 수
백만 년 전 우리 조상들은 어떻게 살았을까요? 인간이 지구 상에 처
음 모습을 드러낸 것은 약 사백만 년 전. 두 발로 걷는 유일한 동물
이었던 인간은 손이 자유로워 '도구'를 만들어 쓸 줄 알았고, '불'을
발견해 지혜롭게 다루는 방법을 알게 됨으로써 점차 문명을 발전시
켜 왔습니다. 영화 〈곡스〉는 바로 이런 구석기시대°를 살았던 원시
인들에게 일어날 수 있는 일을 소재로 했습니다.

곡스네 가족은 모두 여섯 명. '한식구 맞아?' 하는 의문이 들 정
도로 어느 한 사람 빠짐없이 색다른 돌출 행동과 개인기로 배꼽을
쥐게 만듭니다. 집안의 어른인 할아버지 고가는 '방망이 전술의 일

인자'로 생김새는 산신령 수준인데 엄살이 좀 심한 편입니다. 아버지 오글러는 엄마 곡메에 눌려 있으나 마나 한 존재이고, 곡메는 터프한 모습에서 느껴지듯 가족들, 특히 아기 곡스를 위해서는 어떤 위험도 마다하지 않는 해결사입니다. 원시시대가 여자 중심의 모계사회라는 걸 엿볼 수 있는 대목이지요. 큰아들 고구는 연신 코를 훌쩍이고 멍청하고 더러운 짓만 골라해 왕따 신세를 면치 못합니다. 앞머리가 눈을 덮어도 외모는 나 몰라라, 벽에 낙서하기 좋아하는 딸 곡지는 일명 '비행 소녀'입니다. 새의 깃털로 날개를 만들어 비행을 시도하다 번번이 실패하는 곡지의 모습은 언제 보아도 인상적입니다. 예나 지금이나 정도만 다를 뿐, 미지의 세계를 동경하고 현재보다 나은 삶을 개척하기 위해 '도구'를 개발하려 했던 인간의 의지, 도전 정신 같은 것을 잘 보여 주는 부분이기도 합니다. 마지막으로 주인공 곡스를 소개하자면 울보이자 변비맨(두 번째 에피소드 '똥'에서 확인 가능)으로, 어른들의 귀여움을 한 몸에 받는 막둥이입니다.

〈곡스〉는 불의 발견, 똥, 사냥, 동굴, 지진, 발명, 얼음낚시 등 원시시대 생활환경과 관련된 열세 개의 에피소드로 구성된 시트콤 형식

의 영화입니다. 〈순풍 산부인과〉가 2000년대 미달이네 가족의 일상
을 소재로 한 현대의 시트콤(코미디로 구성한 상황극)이라면 영화 〈곡
스〉는 원시시대를 살았던 곡스네 가족의 삶을 클레이 애니메이션®
기법으로 재현해 낸 시트콤인 셈이죠. 마른 나뭇가지에 번개가 떨어
져 우연히 불을 발견하는 장면이나 공룡과의 싸움, 회오리바람, 지
진, 화산 폭발 등 자연재해와 맞서 싸우는 모습을 보고 있노라면 다
소 과장되긴 해도 풍부한 상상력으로 까마득한 구석기시대 인류의
생활을 정말 생생하고 재미있게 그려 낸 영화임을 알 수 있습니다.

상식 두 컷

1. 구석기시대와 신석기시대는 어떻게 나눌까?

석기시대는 도구 제작 방법과 모양에 따라 구석기시대와 신석기시대로 나눌 수 있습니다. 대체로 일만 년 전까지를 구석기라고 보는데, 이때는 자연 그대로의 돌멩이나 돌멩이를 깨뜨려 만든 뗀석기(타제석기)를 사용했습니다. 구석기 사람들은 뗀석기를 이용하여 사냥을 하고 물고기를 잡았으며 열매를 땄습니다. 그러다가 약 일만 년 전부터 돌을 갈아 정교하게 만든 간석기(마제석기)로 농사를 짓기 시작했는데, 이때부터 가축을 길렀습니다.

사람들이 강가 주변에 모여 살기 시작하면서 마을이 생겨나고 다스리는 사람이 나타났는데, 이런 새로운 도구와 생활양식이 등장한 시대를 신석기시대라고 합니다. 역사가들은 근대 산업사회의 계기가 된 '산업혁명'과 비교하여 '신석기혁명' 역시 인류 생활에 커다란 변화와 발전을 가져왔다는 뜻에서 '농업혁명'이라고 부릅니다.

2. 클레이 애니메이션 clay animation

클레이 애니메이션이란 진흙 인형에 조금씩 변형을 주고 그때마다 촬영한 것을 연결시켜 움직이는 것처럼 보이게 하는 애니메이션 기법을 말합니다. 2차원의 셀 애니메이션(cells animation)에 비해 입체감이 살고 투박한 점토의 손맛 때문에 만든 사람의 느낌을 직접 전달할 수 있는 장점이 있습니다.

최초로 클레이 애니메이션이 만들어진 것은 1908년이지만 본격

적으로 우리에게 소개되기 시작
한 것은 그리 오래되지 않았습
니다. 팀 버튼의 〈크리스마스 악
몽〉, 영국 아드먼 스튜디오에서
제작한 〈월레스와 그로밋〉〈치킨
런〉 등이 바로 클레이 애니메이
션입니다.

　우리나라의 경우 클레이 애니
메이션은 CF를 통해 먼저 제작
되었습니다. 1998년에 나온 '깜찍이 소다' 광고, 또 '삼성전자—또
하나의 가족' 시리즈 광고에서 좋은 반응을 얻었습니다. 극영화로
클레이 애니메이션이 만들어진 것은 2001년 어린이날 특집으로 방
영된 〈미루의 환상여행〉이 있고, 2003년에는 권정생 선생님의 동화
『강아지똥』이 클레이 애니메이션으로 제작되기도 했습니다.

1. '옥에 티'라고나 할까요? 영화에 시대 배경과 맞지 않는 부분들이 몇 가지 보입니다. 구석기시대와 동떨어진 장면들을 찾아보세요!

🖉 길잡이 대표적인 장면은 공룡과 인간이 공존했던 것처럼 묘사한 부분입니다. 공룡이 지구 상에 등장한 것은 지금으로부터 이억 년 전으로 삼첩기, 쥐라기, 백악기 등에 활동하다 약 육만 오천 년 전에 멸종된 것으로 알려져 있습니다. 1993년 스티븐 스필버그가 만든 영화 〈쥐라기 공원〉이 어린이들에게 큰 인기를 얻자 이를 의식한 듯 재미를 위해 사실(史實)과는 다른 설정을 한 것으로 보입니다. 이처럼 극적인 재미를 더하기 위해서 감독이 시대와 맞지 않는 배경이나 소품을 사용한 것은 바나나 핸드폰, 바위에 그려진 헬리콥터 등을 들 수 있습니다. 공룡과 인간이 공존하고 서로 다른 시기에 살았던 티라노사우루스와 이카로사우루스(익룡의 일종)가 함께 나오거나 바람에 뒹구는 휴지 등 사실과 맞지 않는 것을 찾아 올바르게 바로잡아 주는 것도 재미있고 유익한 감상을 하도록 유도하는 일이 될 것입니다.

CINEMA

2. '불의 발견', '지진', '침입자' 편에서 확인할 수 있듯이 〈곡스〉에서는 불로 인해 생긴 에피소드들이 다양하게 등장합니다. 구석기시대에 불을 발견하고 유지함으로써 인간의 생활이 달라진 것은 어떤 것이 있을까요?

✎ 길잡이 아이들과 브레인스토밍(자유 연상 기법)을 통해서도 확인한 바지만, 불의 사용은 직립보행과 더불어 인류가 다른 동물들과 비교하여 비약적으로 발전할 수 있었던 전기가 되었습니다. 다른 동물과 마찬가지로 인간도 화산의 폭발, 벼락 때문에 일어나는 숲 속의 불 등을 보면서 처음에는 두려움을 느꼈을 것입니다. 그러던 어느 날, 우연히 불에 타 죽은 고기의 맛을 보고 나서 날것을 먹을 때보다 훨씬 뜯어 먹기에도 편하고 맛이 좋다는 사실을 알게 되었습니다. 또한 불은 동굴 생활을 하던 구석기인들에게 추위를 막아 주고 주위를 밝게 비추어 활동 시간을 늘려 주기도 했습니다. 그런가 하면 〈곡스〉의 '침입자' 부분에서도 확인할 수 있듯이 불은 맹수의 공격을 막아 내는 무기로도 쓰였습니다. 이처럼 조리, 난방, 조명, 통신, 방어 기능 등 불이 인간에게 미친 영향은 너무도 큰 것이었습니다. 인간이 처음 불을 사용하기 시작한 것은 약 오십만 년 전으로 추정됩니다. 특히 불에 익힌 고기를 먹음으로써 소화 시간을 단축시킨 점은 인간으로 하여금 그만큼 문화를 발전시킬 수 있는 활동 시간을 확보하게 한 것이 아닐까 합니다.

3. 기록이 없어 선사시대(先史時代)라 불리는 구석기시대 인간의 삶은 어떻게 알 수 있을까요?

　　　　　　🖊 길잡이　문자로 기록되기 이전의 선사시대를 연구하는 방법은 크게 두 가지입니다. 고인돌, 조개무지, 화석층처럼 옛날 사람들이 남긴 유물을 조사해서 당시 사회와 문명을 연구하는 방법과 아프리카 오지에 사는 원주민의 삶에 남아 있는 풍습을 통해서 옛날 사람들의 생활을 추측해 내는 방법입니다. 앞의 방법을 고고학이라 부르고 뒤의 방법을 인류학이라 부릅니다. 우리나라에서 선사시대의 흔적을 볼 수 있는 곳은 강화도에 있는 구석기시대 고인돌 외에 암사동, 전곡리 등지에서 볼 수 있는 신석기시대 조개무지와 집터, 그리고 울주(경남 울산 부근) 반구대에 그려진 바위그림(암각화) 등이 있습니다. 유적지에서 출토된 동물의 뼈나 가죽, 씨앗, 그릇, 도구, 벽화 등을 통해 옛날 사람들이 어떤 음식을 먹고 무슨 일을 하고 살았는지 알 수 있습니다.

아스테릭스

원제 Astérix et Obélix contre César
감독 클로드 지디(1999년, 프랑스)
원작자 르네 고시니, 알베르 우데르조(1959년)
등장인물 크리스티앙 클라비에(아스테릭스),
제라르 드파르디외(오벨릭스), 로베르토 베니니(데트리투스)
배경 BC 1세기, 갈리아 지방
상영 시간 109분(전체 관람가)

로마 군대와 맞서 싸운 갈리아 영웅들과
카이사르의 색다른 모습

기원전 1세기는 로마의 전성기로 카이사르˚가 지중해 전역을 차
례로 점령하며 위세를 떨치던 때입니다. 그런데 종횡무진 뻗어 나가
던 로마군의 원정이 북쪽 갈리아 지방˚에선 주춤했으니, 그 이유는
바로 전설처럼 내려오는 두 영웅과 묘약 때문이었습니다. 작지만 영
리한 아스테릭스, 덩치가 크고 착하고 힘센 오벨릭스는 어릴 적부터
단짝 친구. 특히 오벨릭스는 묘약이 담긴 솥에 빠진 뒤로 굳이 약을
먹지 않아도 괴력을 발휘하는 천하장사입니다.

어느 날 갈리아 지방 사람들은 가짜 예언자에게 속아 카이사르에
게 바칠 세금을 빼앗깁니다. 이 사건을 빌미로 로마군들이 갈리아
지방을 대대적으로 공격하지만, 묘약을 마시고 일당백의 힘을 발휘

하는 갈리아인들에게 오히려 혼쭐이 납니다. 한편 카이사르의 부하 데트리투스는 숲 속에서 벌어진 마법사 회의에서 물약 제조자인 파노라믹스를 납치해 강제로 묘약을 만들게 합니다. 오벨릭스와 아스테릭스는 파노라믹스를 구하기 위해 각각 로마군과 포로로 위장해 로마군 진영으로 들어갑니다. 사잣밥이 되기 일보 직전 두 친구는 마법사를 구해 내지만 이미 묘약을 손에 넣은 데트리투스가 카이사르 대신 로마군을 이끌고 의기양양하게 갈리아 마을로 쳐들어옵니다.

갈리아군과 로마군 모두에게 똑같은 효과를 발휘하는 묘약이 생겼다면 이제 승부수를 두어야 할 곳은 다름 아닌 병사의 수. 다급해진 오벨릭스와 아스테릭스, 파노라믹스는 마법사의 할아버지인 마투살릭스를 찾아가 머리 둘 달린 유니콘의 젖을 첨가시킨 새로운 묘약을 만듭니다. 초강력 묘
약을 마신 순간, 놀랍게도 아스
테릭스와 오벨릭스를 닮은 복제
인간이 2배, 4배, 8배 기하급수
적으로 생겨납니다. 이 신비로
운 물약으로 갈리아 사람들이
로마군을 물리치고 평화를 되
찾는다는 황당한 내용의 전설
은 만화로 그려지고 또 컴퓨터
그래픽 기술에 힘입어 스크린에 생생하게 재현되었습니다.

〈아스테릭스〉는 원래 1959년부터 연재를 시작한 프랑스의 대표적
인 만화(르네 고시니 글, 알베르 우데르조 그림)로, 1999년 클로드 지디
에 의해 영화로 만들어졌습니다. 과장된 캐릭터, 코미디적인 구성,
현란한 컴퓨터 그래픽에 몰입해 웃고 즐기는 가운데 역사의 한 단면
을 읽을 수 있는가 하면, 논란이 되고 있는 유전공학과 생명에 대한
윤리, 복제 인간의 정체성에 대해서도 다시 한번 생각하게 합니다.
무엇보다 영화 〈아스테릭스〉의 미덕은 승자 중심의 역사, 영웅 위주
의 역사에서 벗어나 역사에 대해 색다른 관심을 유도할 수 있다는
점! 더불어 역사를 보는 눈(입장), 즉 '사관(史觀)이란 무엇인가?'를
설명해 주기에 아주 적합한 텍스트입니다.

상식 두 컷

1. 율리우스 카이사르^{Julius Caesar, BC 100~BC 44}와 그를 둘러싼 말, 말, 말!

제왕절개수술(영어로 caesarean)로 태어났다고 하는 카이사르는 어렸을 때부터 병약했고 간질병 증세도 있었다고 합니다. 하지만 신체적 약점을 의지로 극복하고 로마의 일인자가 되었습니다. BC 59년, 로마의 최고 관직인 집정관에 취임하여 갈리아 전쟁을 승리로 이끌었고, BC 49년에는 루비콘 강을 건너 로마로 진격하면서 "주사위는 던져졌다."라는 유명한 말을 남기기도 했습니다. 이어 BC 47년에는 소아시아를 정복하고 "왔노라, 보았노라, 이겼노라."라는 승전보를 본국에 전했습니다.

제1차 삼두정치(세 명의 지도자가 국가권력을 독점한 정치형태)를 함께 이끌었던 크라수스, 폼페이우스가 죽고 나서 마침내 일인 지배자가 되었으나, 원로원 세력과 양아들 브루투스에 의해 BC 44년에 암살되었습니다. 이때 마지막으로 "브루투스, 너마저도……."라는 말을 했다고 합니다.

카이사르는 웅변술이 뛰어났고 전쟁 중에도 글쓰기를 즐겨 『갈리아 전기』 『내전기』를 남겼습니다. 제2차 삼두정치를 이끌다 로마 최초로 황제가 된 옥타비아누스(BC 63~AD 14)는 카이사르를 '명예욕에 불타는 인물'로 평하고 있는 반면, 나폴레옹은 카이사르의 『갈리아 전기』를 전쟁 기술에 관한 최고의 교과서로 삼았다고 합니다.

한편 이탈리아 고등학교 교과서에는 "지도자에게 요구되는 자질은 지성, 설득력, 인내력, 자제력, 불굴의 의지 같은 것들인데, 카이사르만이 이 모든 자질을 다 갖추었다."라고 씌어 있습니다. 그만큼 카이사르가 이탈리아뿐 아니라 전 유럽인들에게 미친 영향력은 막대합니다.

2. '갈리아 지방'은 어디?

갈리아(Gallia)란 고대 로마인이 갈리아인이라고 부르던 사람들(켈트족)이 BC 6세기부터 살던 지역으로, 현재의 북이탈리아, 프랑스, 벨기에를 말합니다. 즉 라인 강, 알프스와 피레네 산맥, 그리고 대서양으로 둘러싸인 지역입니다.

BC 58~51년에 걸쳐 갈리아 전 지역은 카이사르에 의해 평정되어 로마의 영토가 되었습니다. 카이사르가 『갈리아 전기』를 쓴 때가 바로 이 시기로, 갈리아는 프랑스어로 Gaule(골)이고 영어로는 Gaul(골)이라고 표기하며, 갈리아인은 골족으로 불리기도 합니다.

1. 만일 여러분에게 파노라믹스처럼 마법의 묘약을 만들 수 있는 기회가 주어진다면 어떤 효과가 있는 묘약을 만들고 싶나요? 또 왜 그런 약을 만들고 싶은지 이유도 함께 이야기해 보세요.

2. 카이사르는 고대 로마의 위대한 영웅으로 알려져 있습니다. 하지만 영화에서는 우스꽝스럽게 등장합니다. 왜 그런 모습으로 등장했는지 이해할 수 있었나요?

🖊 길잡이   갈리아를 점령하고 총독으로 부임한 카이사르는 로마 사람들에겐 영웅이지만 지배를 당한 갈리아인의 입장에서는 침략의 원흉입니다. 1905년, 한국에 초대 통감으로 부임해 한일 합병을 추진한 이토 히로부미(伊藤博文, 1841~1909)의 경우도 일본 사람들에겐 메이지유신(일본이 근대적 통일국가를 형성한 계기)을 발전시키고 근대 법 제도와 정치의 틀을 닦은 위인이지만 우리에게는 정반대의 평가가 이루어집니다. 하얼빈 역에서 이토 히로부미를 암살한 안중근(1879~1910) 의사 역시 마찬가지이지요. 결국 역사(歷史)란 말 그대로 '지나온 일'이기는 하지만 '후대 사람들이 하는 기록'이라는 사실. 따라서 역사란 '지금', '여기'라는 현재

의 관점에 따라 똑같은 사실을 두고도 '해석'이 달라질 수 있다는 것을 일깨우는 영화입니다.

의적 로빈 후드

원제 Robin Hood: Prince of Thieves
감독 케빈 레이놀즈(1991년, 미국)
등장인물 케빈 코스트너(로빈 후드), 모건 프리먼(아짐), 앨런 릭맨(노팅검), 숀 코너리(리처드 1세)
배경 12세기, 예루살렘·영국
상영 시간 143분(12세 이상 관람가)

귀족에서 십자군 전쟁*의 포로,
그리고 도적의 왕자로

영화의 시작은 엉뚱하게도 영국이 아닌 예루살렘의 포로 수용
소. 십자군 원정의 막바지인 1194년, 전쟁에 자원한 영국 귀족의 아
들 로빈 후드가 사라센인 아짐의 도움으로 탈출하는 장면부터 숨가
쁘게 전개됩니다. 십자군 전쟁에 참전했다가 천신만고 끝에 영국으
로 돌아온 로빈 후드. 하지만 그를 기다리는 것은 불타 버린 성과 비
참하게 죽은 아버지의 시신, 그리고 눈먼 하인 던컨뿐입니다. 로빈
후드는 아버지의 비참한 죽음 앞에서 복수를 맹세하지만 이미 세력
을 키운 노팅검의 무력 앞에 일보 후퇴하고 셔우드 숲으로 달아납니
다. 그곳에는 가난한 농민들이 과중한 세금과 노팅검의 횡포를 피해
무리를 지어 살고 있었습니다. 명분 없는 큰 전쟁과 배신을 경험한

로빈 후드는 귀족임에도 불구하고 같은 피해자의 입장에서 이들과 동화되어 마침내 무리를 이끄는 도적의 왕자가 됩니다.

　로빈 후드의 아버지를 악마 숭배자로 몰아 성주의 자리를 차지한 노팅검 성주. 그의 목표는 수단과 방법을 가리지 않고 왕이 되는 것입니다. 그중 하나로 노팅검은 왕족 출신인 마리언과 결혼해 왕위를 물려받고자 하지만 마리언은 이미 로빈 후드를 사랑하고 있습니다. 노팅검은 눈엣가시 같은 존재인 로빈 후드를 성 밖으로 내몰고 현상금을 걸지만 귀족들의 재물을 빼앗아 가난한 사람들에게 나누어 주는 로빈 후드의 인기는 날로 치솟는 현상금 액수만큼이나 높아져만 갑니다.

　노팅검은 켈트족 용병까지 동원하여 불화살과 대포로 로빈 후드

일당에게 대대적인 공격을 가하고 숲 속에서 잡아 온 포로들을 자신의 결혼식 때 교수형에 처하려고 합니다. 하지만 신출귀몰하는 로빈 후드와 지혜로운 아짐의 활약으로 상황은 역전됩니다. 노팅검을 돕던 배부른 주교는 숲 속의 신부님에 의해, 기이한 형상을 한 마녀는 이교도 아짐의 손에 의해, 또 노팅검은 아이러니하게도 약혼녀에게 선물한 황금 단검에 찔려 숨을 거둡니다. 한편 영화 마지막에야 숀 코너리가 카메오˚로 출연하는 리처드 1세는 실제 존재했던 헨리 2세의 아들로, 무술에 뛰어나 '사자왕'이라는 별명을 얻은 인물입니다. 그는 즉위하자마자 제3차 십자군 원정에 참가한 것으로도 유명합니다.

이 영화에서 아짐('위대한 자'라는 뜻의 아랍어)은 새롭게 창조된 인물로, 가장 독특하고 눈여겨볼 만한 인물입니다. 로빈 후드가 예루살렘에서 만난 사라센인 아짐은 신에 대한 철저한 경외심, 약속을 생명보다 소중히 하는 자세, 높은 의식 수준과 과학적 식견 등을 갖고 있는 사람으로 묘사되어, 당시 사라센인들을 바라보는 유럽인들의 시선을 엿볼 수 있게 합니다.

1991년에 나온 영화 〈의적 로빈 후드〉는 한 개인의 영웅담을 넘어서 중세를 설명하는 두 기둥인 '봉건제'˚와 '기독교'를 읽어 볼 수 있는 더없이 좋은 작품으로 추천할 만합니다. 동시에 "아저씨 얼굴은 하느님이 색칠한 건가요? 왜 그렇게 까매요?"라고 묻는 어린이에게 "알라신은 다양한 것을 좋아하신단다!"라고 말하는 아짐의 대

사에 단적으로 표현되어 있듯이, 서양에 의해 상대적으로 축소, 왜
곡되어 전해진 이슬람문화권에 대한 균형 잡힌 시각이 돋보이는 작
품이기도 합니다.

1. 십자군 전쟁

역사상 가장 길고도 위선적인 전쟁으로 기록되는 십자군 전쟁은 11세기 말부터 13세기 말까지 약 이백 년에 걸쳐 여덟 차례나 벌어졌습니다. 처음에 유럽 사람들은 십자군 전쟁엔 관심이 없었으나 교황 우르바누스 2세의 연설을 듣고 난 뒤 당장이라도 예루살렘에 쳐들어갈 기세로 변했습니다. 그 연설의 요지는, 기독교 순례자들을 박해하는 이교도로부터 예루살렘을 탈환하면, 하느님이 100배의 보상과 영원한 생명을 준다는 것이었습니다. 그러나 실제 십자군 전쟁의 원인은 봉건제를 지탱하기 위한 땅에 대한 욕심 때문이었습니다. 1차 원정을 뺀 나머지 십자군 원정이 모두 실패로 돌아가자 교황의 힘은 약해지고 상대적으로 왕의 힘이 강해졌습니다.

십자군 수송에 관여했던 베네치아, 제노바 등 이탈리아의 도시들이 급부상하면서 동방과의 무역 교류도 이루어져 동방의 문화가 유럽으로 들어왔고, 알렉산드로스의 동방 원정 때 전해진 고대 그리스의 철학을 아랍어로 다시 만나는 역수입 현상이 일어났습니다. 그 영향으로 이탈리아에서는 고대로 돌아가자는 르네상스 운동이 일어나는 등, 십자군 전쟁은 중세사회에 커다란 변화를 가져오는 촉매제 역할을 했습니다.

2. 카메오

카메오(Cameo)란 원래 돋을새김(陽刻)으로 조각한 유리 보석이나 연체동물 껍질 안에 박아 넣은 단단한 보석 등을 일컫는 말입니다. 여기에서는 관객의 시선을 단번에 끌 수 있는 단역 출연자를 말합니다.

'깜짝 출연'이라고 할 수 있는 이 용어의 원조는 스릴러 영화의 거장 앨프리드 히치콕(〈새〉〈사이코〉〈현기증〉 등을 만든 감독)입니다. 히치콕은 1940년대부터 자신이 제작한 영화에 대사 없는 엑스트라로 잠깐씩 출연했습니다. 영화의 극 전개를 방해하지 않으면서 관객들로 하여금 또 하나의 볼거리를 제공하는 카메오는 일종의 팬 서비스입니다.

한국 영화에서도 카메오를 심심찮게 볼 수 있습니다. 〈할렐루야〉 〈엑스트라〉〈반칙왕〉〈체인지〉〈가문의 영광〉〈재밌는 영화〉 등에 수많은 카메오들이 등장했습니다.

3. 봉건제

기독교와 함께 중세 유럽을 지탱했던 두 기둥으로 불리는 봉건제는 토지를 매개로 군주와 신하가 주종 관계를 맺는 중세 유럽의 사회질서를 말합니다.

봉건제의 시작은 흉노족의 후손들이자 아시아계 유목 민족인 훈족의 침입으로 게르만 민족이 서쪽으로 대이동하던 시기인 4세기 후반으로 봅니다. 왕은 신하들(영주, 기사)에게 봉토를 하사하고, 영주는 그 대가로 전쟁이 났을 때 장원에 예속된 농노들을 참전케 함으로써 왕에게 충성했습니다. 평소에 농노들은 자신의 경작지에서

추수한 곡식을 세금으로 내는 한편 영주와 교회의 부역에도 동원
되었습니다. 이처럼 농노들은 노동력을 착취당해 '뿔 없는 소'로 불
리기도 했습니다.

11세기 프랑스 주교였던 아달베롱은 중세의 농노는 '일하는 사
람', 성직자는 '기도하는 사람', 기사는 '싸우는 사람', 왕 혹은 영주
는 '다스리는 사람'이라고 표현했습니다.

1. 스테인드글라스가 찬란한 성당 안에서 미사를 집전하는 주교님과 숲 속 나무 십자가 아래서 목회자 역할을 하는 프라이어 신부님, 이 둘은 모두 중세 의 '기도하는 사람'이라는 데에 공통점이 있습니다. 성직자라는 공통점 외에 둘의 차이점이 무엇인지 이야기해 보세요.

2. 사라센이란 무슨 뜻이며 왜 사라센인으로 나오는 아짐이 현명하고 지혜 로운 과학자 혹은 철학자처럼 그려졌는지 그 이유를 이해할 수 있었나요?

🖉 길잡이 사라센이란 7세기 말에서 15세기 말까지 인도 서부에서 이베리아반도(현재 스페인과 포르투갈이 있는 곳)에 이르는 지역 을 무대로 흥하고 망했던 이슬람 국가들을 통칭해 부르는 말입니다. 사 라센이란 용어는 1세기경부터 그리스와 로마 인들이 아라비아인들을 부 를 때 사용하던 호칭인 '사라세니(Saraceni)'에서 유래됐다고 합니다. 사라 센문화는 이슬람교의 영향 아래 아라비아, 이란, 그리스, 이집트, 인도 등 여러 문화를 흡수하며 발전했고, 중세 유럽의 암흑기에는 세계문화를 보 존, 발전시켰으며, 동서문화의 징검다리 역할을 했습니다. 따라서 사라센 인으로 등장하는 아짐은 철학, 과학, 의학에 능통한 팔방미인으로 그려지 고 있는 것입니다.

3. 영국에 로빈 후드가 있다면 우리나라엔 홍길동, 임꺽정 같은 의적이 있습니다. 이들 의적과 의적을 따르는 무리들이 생겨난 이유는 무엇일까요? 또 이들의 차이점은 무엇인지에 대해서도 이야기해 보세요.

🖉 길잡이 17세기 초반 허균이 쓴 소설 『홍길동전』의 주인공 홍길동은 서얼(첩의 아들)로 태어나 자신의 출신에 대해 고민하던 중 가출해서 도적의 우두머리가 되었습니다. 그는 자신을 따르는 무리들을 이끌고 활빈당을 조직, 둔갑술과 축지술을 부려 탐관오리들을 처벌하는가 하면 관아를 습격해 부당하게 빼앗은 재물을 되찾아 백성들에게 나눠 주는 의적으로 활동했습니다. 한편 실존 인물인 임꺽정은 16세기 중엽(명종) 경기도 양주의 백정 출신으로 힘이 장사였고 무예가 뛰어났다고 합니다. 하지만 신분이 천하여 능력을 발휘하지 못하는 것을 늘 한탄하였습니다. 정치적 혼란과 부패로 민심이 흉흉했던 1559년(명종 14년) 불평분자들을 모아 우두머리가 된 뒤, 주로 관청이나 부잣집을 골라 습격했으며, 빼앗은 재물을 백성들에게 되돌려 주었습니다. 처음 황해도에서 시작한 임꺽정의 활동은 경기도, 강원도, 평안도, 서울로 세력을 넓혀 갔습니다. 『명종실록』에 보면 "그들이 도둑이 된 것은 왕정의 잘못이지 그들의 죄가 아니다."라는 대목이 있어 눈길을 끕니다. 사회경제적 모순이 극에 달했던 당시 사람들은 임꺽정을 단순한 도적의 괴수로 생각하지 않고 민심을 대변하는 사람으

로 생각했습니다. 의적으로 추앙된 임꺽정의 행적은 영국의 로빈 후드처럼
여러 설화와 소설로 전해져 왔습니다.

징기스 칸

원제 成吉思汗
감독 사이푸, 마이 리시 공동 감독(1998년, 내몽골)
등장인물 투멘(테무진), 에일리아(훌룬), 아쉬르(보에티), 바야얼투(여서기), 바센(타홀타이)
배경 12세기 말~13세기, 몽골 고원
상영 시간 113분(전체 관람가)
수상 1998년 필라델피아 국제영화제 최우수 작품상, 1999년 상하이 국제영화제 여우 주연상

소년 테무진이 징기스 칸이란 칭호를 얻기까지

"1167년, 역사상 가장 위대한 영웅이 몽골* 초원에 태어났다."는 자막으로 시작되는 이 영화는, 소년 테무진이 징기스 칸*이라는 황제의 칭호를 얻기까지의 과정을 그리고 있습니다. 내몽골 출신인 사이푸, 마이 리시 부부가 공동 감독한 이 영화는 징기스 칸을 다룬 다른 전기 영화와는 달리 징기스 칸의 업적과 승리, 영광 같은 외면의 결과보다는 그것을 이루기까지의 과정과 내면의 갈등을 집중 조명했습니다. 테무진이 부족의 칸(북방 아시아 유목 민족 군주의 칭호)에서 다시 징기스 칸(절대적인 힘을 가진 왕이라는 뜻)이라는 호칭을 얻기까지의 목숨을 건 투쟁을 다루면서도, 소년 테무진이 자신을 둘러싼 역경을 딛고 자신과 자신의 부족을 일으켜 세우며 겪는 내

면의 변화에 초점을 맞추고 있는 점이 단연 돋보입니다.

극도로 혼란했던 시기, 적군 타타르족의 도움으로 세상에 나오는 극적인 출생 장면에 이어 웽질라족과의 동맹을 위해 볼모로 잡혀가 유년기를 보내는 장면이 비칩니다. 이때 훗날 부인이 되는 보에티와 친구 자무하

를 만나게 됩니다. 그러나 동족 타홀타이의 배신으로 테무진은 아버지를 여의고 암살될 위험에 처하게 됩니다. 다행히 자무하의 도움으로 살아남아 고향인 워난 강가로 돌아옵니다. 그러나 타타르족과 연합한 타홀타이를 따라 부족들은 모두 떠나고 홀로된 어머니와 어린 동생 셋과 자신, 이렇게 다섯 식구만 초원에 버려집니다.

배고픔, 추위, 배신감, 외로움이 뒤범벅된 채 가장 노릇을 해야 했던 시절, 겨울을 날 식량을 구하려고 맨손으로 늑대를 때려잡는 어머니의 비장한 모성과, 고기를 자식에게 양보하고 풀뿌리를 씹는 어머니의 고통을 헤아리지 못하고 어머니 몫의 고기까지 훔쳐 먹는 동생을 활로 쏘아 죽일 만큼 처절했던 생존 투쟁 등, 혹독한 시련 속에서 소년기를 보내는 테무진의 모습을 차례차례 보여 줍니다.

이 영화의 또 하나의 주인공은 어머니 헐룬입니다. 하루아침에 남편을 잃고 동족에게 버림받은 뒤 추위와 굶주림에 시달려야 했지만 강인한 모성애와 정신력으로 자식들을 길러 낸 장본인입니다. 훗날 어린 시절의 정혼을 잊지 않고 찾아와 준 며느리 보에티가 미얼키족에게 납치돼 적의 아이를 임신했을 때도 아들 테무진에게 "그 애가 처음 우리 집에 찾아왔을 때 우린 정말 보잘것없지 않았었니?"라 되물으며 며느리를 감싸 줍니다. 또한 아직 세력이 약해 다른 부족에게 병사를 빌려 오려는 아들을 위해 볼모가 되기를 자처합니다. 이처럼 포용력이 넓고 지혜로운 어머니가 있었기에 훗날 광활한 초원을 지배하는 징기스 칸이 있었다는 것을 암시하듯 허룬의 강인함과 자애로움은 영화의 주제 의식과 일맥상통합니다.

영화 후반부엔 보에티를 납치한 미얼키족과의 대전, 아버지를 죽인 숙적 타타르족과의 전쟁 등 싸움 장면들이 끊임없이 잇따르지만 카메라는 본격적인 정복기를 담기 전에 멈춥니다. 넓은 초원의 강가를 배경으로 멋쩍은 표정으로 마주 선 징기스 칸과 보에티, 그리고 "나는 내 아이의 이름을 나그네라 지어 주었다."라는 대사와 함께 "1206년, 드디어 테무진은 징기스 칸이 되었다."라는 자막으로 영화는 끝을 맺습니다.

영화 〈징기스 칸〉은 전쟁 영웅으로서의 징기스 칸이 아니라 어려운 소년기와 청년기를 극복하고 험난한 삶을 개척하는 인간에 초점을 맞춘 성장 영화인 동시에 영웅은 어떻게 만들어지는가를 반추해 볼 수 있는 영화이기도 합니다.

1. 몽골과 우리나라

13세기 들어 빠르게 성장한 몽골 군대는 고려와 협공을 펴 거란을 무찔렀습니다. 이후 몽골의 지나친 조공 요구에 고려가 탐탁지 않은 반응을 보이자 몽골 사신이 압록강 근처에서 살해당한 것을 빌미로 고려에 침입했습니다.

질풍같이 쳐들어오는 몽골군의 기세에 다급해진 최씨 무신 정권은 서둘러 화해를 요청했고, 몽골은 다루가치라는 감시관을 두어 고려를 압박해 왔습니다. 왕실이 자신들만의 안위를 위해 강화도(지금도 강화도에 가면 고려 왕궁 터가 남아 있습니다.)로 피신을 떠나자 몽골은 더욱 거세게 우리나라 전역을 공격했고, 육지에 남은 민중들은 관군 외에도 승려, 노비, 농민, 산적 들까지 힘을 합쳐 저항했습니다.

몽골과의 전쟁은 무려 삼십 년 넘게 계속되었으며, 역사상 이처럼 몽골과 오래 싸운 예가 없을 정도로 고려 민중의 대몽 항전은 눈물겹습니다. 우리의 국보이자 세계적 문화유산인 금속활자, 팔만대장경도 이 시기에 만들어진 것으로, 부처의 힘으로 국난을 막아 보려는 의지가 깃들어 있는 유물입니다.

2. 칭기즈 칸 Chingiz Khan, 1155?~1227

몽골제국의 창시자(재위 1206~1227)로 어릴 적 이름은 테무친입니다. 어렸을 때 부친이 타타르족에 살해당한 후 다른 부족의 노예로 지냈습니다. 힘든 성장기를 보낸 테무친은 자신의 부족을 일으키기 위해 다른 부족에게서 도망친 노비나 대장장이 등 하층민을 끌어들이면서 "나는 몽골을 통일할 것이다. 그래서 기필코 나의 부족을 이 세상 모든 백성의 우두머리(元)로 앉힐 것이다!"라는 말을 했다고 합니다.

테무친의 세력은 점점 커져 1206년 몽골의 여러 부족들을 통일하여 나라를 세우고 황제에 올라 칭기즈 칸이라는 이름을 갖게 되었습니다. 서쪽으로는 아프가니스탄, 페르시아, 남러시아, 폴란드, 헝가리 일대를 휩쓸어 역사상 가장 넓은 제국을 이루었습니다. 정복한 땅은 아들들에게 각각 나눠 주어 일한국, 킵차크한국, 차가타이한국, 오고타이한국 등 네 개의 한국(汗國)을 이룩하게 했습니다. 그 후 손자 쿠빌라이는 수도를 북경으로 옮기고 원(元)나라를 세웠습니다. 원은 1368년 명에 의해 붕괴될 때까지 약 일 세기에 걸쳐 중국을 통치했습니다.

칭기즈 칸은 자신은 샤머니즘 신도였지만 다른 종교와 문화에 대해 관대했습니다. 이슬람의 공예가와 장인의 기술을 높이 평가하고 그들의 문화를 전수하게 하는 한편 위구르문화를 사랑하여 위구르문자를 배우게 하는 등 외래문화의 흡수에 적극적인 노력을 기울였습니다.

1. 영화를 보면 테무진이 어머니의 음식을 가로챈 철없는 막냇동생을 활로 쏘아 죽이는 잔인한 장면이 있습니다. 이 모습을 보고 어떤 생각이 들었나요? 이후 테무진은 어린 시절의 잘못을 교훈 삼아 어떤 모습으로 변해 가는지 영화 안팎으로 징기스 칸의 남다른 행적들을 이야기해 보세요.

길잡이 유목 민족의 풍습상 음식을 나누는 건 장자의 몫이었고, 장자였던 징기스 칸은 초원에 버려진 어린 시절, 죽음을 무릅쓰고 어머니가 맨손으로 잡은 들짐승 고기를 똑같이 오 인분으로 나누었습니다. 그러나 철없는 어린 동생이 어머니의 몫까지 훔쳐 먹자 동생에게 경고를 하다가 우발적으로 쏜 화살이 그만 소중한 한 생명을 빼앗게 되었습니다. 징기스 칸은 하늘을 향해 절규하는 어머니의 모습을 보면서 뼈저린 후회를 했을 것입니다. 이후 징기스 칸은 절체절명의 위기에서 자신을 살인마라고 욕하는 어릴 적 친구 자무하에게 "그런 일을 경험했기에(그리고 마음 깊이 뉘우치고 있기에) 너를 죽이지 않는다."며 뒤돌아섭니다. 중국 고전을 보면 "용장은 지장을 이기지 못하고 지장은 덕장을 이기지 못한다."는 말이 있습니다. 세계사에 유례가 없는 징기스 칸의 동서 원정은 '크기'의 문제가 아닙니다. 사한국(四汗國), 역참제, 조세제 등 시스템을 정비하고 종교 등에서 지역의 특성을 인정하는 열린 리더십이 재발견되어 21세기에 들어와 기업, 정치가에게 다시 주목받고 있습니다.

2. 영화 〈징기스 칸〉에서 시사하는 영웅의 덕목은 무엇인지, 21세기를 이끌 리더의 덕목으로는 무엇을 꼽아야 할지 함께 생각해 보세요.

        🖉 길잡이 20세기를 대표하는 영국의 문명사가 토인비는 역사를 이끌어 가는 위인을 '창조적 소수'란 개념으로 정의했는가 하면 독일의 철학자인 헤겔은 『법철학』이라는 저서에서 "의지(시대정신)를 대표하고 전파하며 완성하는 인간"이라고 했습니다. 또한 전기 작가로 유명한 프랑스의 로맹 롤랑은 "영웅이란 오랜 세월의 초인적 분투와 노력으로 고난을 극복하고 인류에게 용기와 위안을 불어넣는 사람"으로 정의했습니다. 이들의 말을 종합하면 '영웅이란 시대 상황의 산물로 대중의 열망을 반영하고 사회를 업그레이드시키는 데 창조적 능력을 발휘하는 개인'이라 볼 수 있습니다. 영화 〈징기스 칸〉에서도 알 수 있듯 영웅은 역경에 굴하지 않고 더 큰 꿈을 품고 실력을 연마한 사람들이란 것을 알 수 있습니다. 21세기를 이끌 영웅에게 요구되는 덕목 가운데 하나는 시대를 읽어 내는 현실 인식 능력입니다. 또 나 자신의 명예와 안락뿐만 아니라 타인을 위해 원대한 꿈을 갖

고 비전을 제시할 수 있는 커뮤니케이션 능력이 있어야겠지요. 이와 더불어 필요한 것은 고난이 닥쳤을 때 이를 극복할 수 있는 참다운 용기, 열정, 불굴의 의지 그리고 꾸준한 실천력 등입니다.

1492 콜럼버스

원제 1492: Conquest of Paradise
감독 리들리 스콧(1992년, 이탈리아 · 미국 · 스페인)
등장인물 제라르 드파르디외(콜럼버스), 시거니 위버(이사벨 여왕)
배경 15세기, 스페인 · 서인도제도
상영 시간 154분(12세 이상 관람가)

제3의 항로를 따라 미지의 땅을 발견한 사나이

〈1492 콜럼버스〉는 콜럼버스˙ 신세계 발견 오백 주년을 기념하여 1992년에 이탈리아, 미국, 스페인 합작으로 만들어진 작품입니다. 이 영화는 콜럼버스의 아들 페르난도가 쓴 콜럼버스의 전기를 기초로 했습니다. 영화는 콜럼버스가 페르난도에게 바다 위로 멀어져 가는 배를 보여 주며 "지구가 둥글다."라는 사실을 설명하는 것으로 시작됩니다.

이탈리아계 유민 출신으로 스페인 안달루시아 지방의 수도원에서 더부살이하던 콜럼버스는 오랜 바다 생활과 관측을 통해 모든 사람들이 죽음의 바다, 세계의 낭떠러지라 믿고 있는 서쪽 바다를 건너면 인도에 도착하리라 믿습니다. 그러나 대서양을 건너 인도에

도착할 수 있다는 콜럼버스의 주장은 살라망카 대학과 귀족들에게 냉대를 받을 뿐이었습니다. 하지만 콜럼버스는 터키 육로와 아프리카 남단을 돌아가는 길 외에 인도로 가는 제3의 항로가 있으리라는 믿음을 결코 버리지 않습니다. 1491년, 스페인의 여왕 이사벨*을 직접 만나 재정 지원을 얻어 내기까지 세계 최고의 해양 국가로 군림하던 스페인의 왕실, 대학, 거리의 표정 등이 영화 전반부에 자세히 그려집니다.

1492년 8월 3일, 콜럼버스는 산타마리아, 니나, 핀타 호 등 세 척의 범선을 이끌고 첫 항해의 대장정에 오릅니다. 삼 주 정도 지나면 인도에 도착할 것이라고 사람들을 안심시켰지만 두 달이 지나도록 육지가 보이지 않자 더위와 기다림에 지친 뱃사람들은 '저주받은 항해'라며 콜럼버스를 노골적으로 비난합니다. 콜럼버스는 이에 굴하지 않고 "우리는 남이 하지 못한 일을 처음 하는 용기 있는 자들로 역사에 기록될 것"이라 외치며 처음 육지를 발견한 선원에게 귀족의 옷과 상금을 내리겠노라는 말로 선상 반란을 잠재웁니다. 마침내 칠십일 일 만에 발견한 땅, 산살바도르('구원의 성자'라는 뜻)에 내려 대지에 키스하는 콜럼버스. 그 모습은 언제 봐도 인상적입니다. 또 반젤리스가 작곡한 배경음악은 공익광고에 애용되었고, 2002 월드컵의 주역인 태극 전사들의 영광된 순간을 집중 조명할 때도 배경음악으로 쓰였습니다.

콜럼버스는 무려 칠 개월의 탐사를 마치고 서른아홉 명의 선원을 요새에 남긴 채 스페인으로 귀국합니다. 그는 제3의 항로를 개척한 공으로 영웅 대접을 받습니다. 여왕의 전폭적인 지원 아래 1493년에는 무려 열일곱 척이나 되는 배에 천오백여 명의 개척 희망자를 싣고 2차 항해를 떠납니다. 하지만 신세계를 건설하고자 하는 콜럼버스의 의지는 원주민인 구후니족의 침입과 목시카 같은 반대 귀족 세력의 방해로 자꾸만 어긋납니다. 약속한 황금을 찾아내지 못하자 개척자들의 불안은 더해 가고 목시카의 잔혹한 행위와 콜럼버스에

대한 저항은 더욱 노골적으로 변해 갑니다. 엎친 데 덮친 격으로 태
풍과 해일 등 악천후가 닥쳐 새롭게 건설하려 했던 이사벨라 도시가
무너지자 콜럼버스는 결국 본국으로 송환됩니다.

영화의 끝 부분, 아버지를 따라 뱃사람이 된 페르난도는 수도원
에 연금되어 있는 아버지에게 찾아와 말합니다. "생각나는 대로 다
말씀해 주세요. 기억나시는 대로요, 아버지." 회한에 젖은 콜럼버
스의 물기 어린 눈이 클로즈업되며 천천히 눈을 한 번 깜빡이는 사
이, 처음 발견했던 안개에 덮인 미지의 땅이 신기루처럼 나타났다
사라집니다. 아버지의 이야기를 받아 적기 위해 대기 중인 깃털 펜
에서는 잉크 방울이 뚝뚝 떨어지고……. 그 위로 "그 후에도 콜럼버
스는 아들 페르난도와 함께 또 한 차례 항해를 다녀왔으며, 오백 년
이 지난 현재 그의 자손은 스페인 해군 장성으로 복무 중이다."라
는 자막이 흐릅니다.

상식 두 컷

1. 콜럼버스 Christopher Columbus, 1451~1506

이탈리아 제노바에서 직물업자의 아들로 태어났습니다. 마르코 폴로의 『동방견문록』을 읽고 선원의 꿈을 키운 콜럼버스는 1492~1504년까지 네 차례의 항해를 하였고, 쿠바, 아이티, 바하마제도 등 아메리카 대륙의 여러 섬을 발견했습니다. 하지만 콜럼버스는 죽을 때까지 자신이 발견한 곳을 인도라고 믿었고, 여기서 서인도제도라는 말이 유래됐습니다.

새로운 항로의 발견으로 인해 서유럽 발전의 후발 주자였던 스페인은 포르투갈과 함께 선두 주자로 발돋움하여 아메리카 대륙을 점령해 나갔습니다. 불행하게도 이로 인해 아즈텍문명과 잉카문명이 사라졌으며, 아메리카 대륙의 원주민들의 수난사가 시작되었습니다.

2. 이사벨 여왕 Isabel I, 1451~1504

카스티야 왕 후안 2세의 딸이자 포르투갈 왕 주앙 1세의 손녀. 1469년 아라곤의 황태자 페르난도와 결혼, 오빠인 엔히크 4세가 죽은 뒤 왕위를 계승했습니다. 1479년 페르난도가 아라곤 왕으로 즉위하면서 스페인의 통일이 시작되었고, 카스티야 왕국의 역사도 스페인 역사에 흡수되었습니다.

영화 초반부에도 나오듯 당시 이슬람의 마지막 세력이 거주하고 있던 이베리아반도의 그라나다를 정복하여 국가 발전의 기초를 닦고 문화 진흥에 노력하였습니다. 특히 이탈리아에서 이민 온 콜럼버스의 항해에 도움을 주어 신대륙 발견의 숨은 공로자가 되었습니다.

1. 영화에서 콜럼버스가 이야기하는 신세계(New World)란 지리상의 발견
외에 어떤 의미가 담겨 있는지 이야기해 보세요.

✏️ 길잡이 영화 속에서 '신세계'란 새로 발견한 땅이라는 물
리적인 뜻만이 아니라 새로운 패러다임을 위한 정신적 세계란 의미로 여러
번 부각됩니다. 지상낙원(유토피아)을 건설하겠다는 명분. 신세계에선 귀족
도 일해야 한다는 콜럼버스의 주장을 놓고 볼 때 영화 속에서 신세계란 말
은 새로운 식민 도시를 세워 원주민과 자국에서 건너온 하층민을 포섭하
기 위해 기득권이 내세운 새로운 명분이 아닐까 합니다. 계급 질서, 종교,
인종의 장벽이 심했던 중세 유럽(구세계)과는 다른 질서, 가치관을 부각했
을 수도 있고, 어쩌면 영화를 만든 시점인 1992년, 자유주의 리더를 자처
하는 미국의 현재적 관점이 들어가 있는지도 모르겠습니다. 하지만 제작
한 나라가 미국인 만큼 영화에서 엄청나게 미화되어 있는 콜럼버스는 선
각자도, 자유주의자도 아닙니다. '돈(Don)'이라는 귀족 호칭에 연연해하며
귀족 행세를 했고, 현지 원주민에게 세금을 많이 매기고 강제 노동을 시켜
스페인 귀족뿐 아니라 식민지 안에서도 원성을 많이 샀다고 합니다. '유토
피아'란 어원 그대로 '실제로는 존재하지 않는 곳, 이상향'이라는 것을 증
명이라도 하듯…….

2. 〈잔 다르크〉〈장미의 이름〉〈노스트라다무스〉 등 중세를 배경으로 한 영화에는 종교재판(마녀사냥)에 대한 모습이 나옵니다. 〈1492 콜럼버스〉의 첫 부분에 나온 화형 장면이 무엇을 상징하는지 이해할 수 있었나요?

🖉 길잡이 마녀사냥의 역사는 남성 중심의 권위주의적 세계관과 깊은 관련이 있는 것으로, 인간의 이성이 마비된 중세의 어두운 단면을 보여 주는 단적인 예라 하겠습니다. 중세의 지배 계층은 계속되는 전쟁으로 인한 질병과 굶주림, 이교도에 대한 문제, 흑사병 등 참담한 현실 속에서 민심을 안정시키기 위한 수단이 필요했는데, 그것이 바로 마녀사냥이었습니다. 공동체의 희생양으로 지목된 마녀는 대부분 과부, 노약자 등 힘없이 혼자 사는 여자들이었고, 이 밖에도 교회가 정한 교리에 어긋나는 행동을 하는 사람 혹은 과학자들도 지목되었습니다. 기록에 따르면 화형이나 마녀사냥은 1420년부터 1670년까지 이백오십 년 동안 지속되었고, 프랑스에서는 1856년까지 존속되었다고 합니다. 마녀사냥은 중세의 체제에 대한 불만과 저항을 마녀라는 이름의 희생양을 통해 대리 해소하는 동시에 마녀를 따돌린 '우리 사회'는 안전하다는 만족감을 느끼게 하는 일종의 사회적 통합 기제로 사용된 것으로 보입니다.

에버 애프터

원제 Ever After
감독 앤디 테넌트(1998년, 미국)
등장인물 드루 배리모어(다니엘), 더그레이 스콧(헨리 왕자), 앤젤리카 휴스턴(로드밀라)
배경 16세기, 프랑스
상영 시간 121분(12세 이상 관람가)

중세와 근대를 잇는 다리,
르네상스 정신을 말하는 영화

　19세기 초, 독일의 그림 형제가 쓴 신데렐라 이야기가 20세기 말, 영화 〈에버 애프터〉로 다시 태어났습니다. 16세기 프랑스의 어느 시골 마을, 여덟 살 난 소녀 다니엘은 오랜 여행에서 돌아온 아버지로부터 새엄마와 이복 언니가 될 마가렛과 재클린을 소개받습니다. 잠자리에서 늘 동화책을 읽어 주던 아버지는 며칠 후 심장마비로 세상을 뜨고 다니엘은 하녀 신세로 전락합니다. 아침부터 저녁까지 밭매고 꿀벌 치는 것도 모자라 난로 청소까지 해야 하는 힘겨운 나날들……. 그래서 계모와 언니들이 붙여 준 별명이 바로 '신데렐라'(재투성이 아가씨)입니다. 여기까지는 그림 형제의 동화와 별반 다를 게 없습니다. 다니엘이 어렸을 때부터 하인의 아들과도 스스럼없이 지

내며 진흙탕에서 뒹구는 말괄량이에다, 아버지가 읽어 주던 『유토피
아』*를 읽다 잠드는 것이 습관이 되어 버린 독서광이라는 것이 다
르다면 다를까요?

그러나 성인이 되어 왕자를 만나 사랑하는 과정에서부터는 동화
속 신데렐라의 모습은 눈 씻고 찾으려야 찾아볼 수 없습니다. 남자,
백마 탄 왕자의 도움 없이 혼자서도 악당을 물리치는가 하면 숲 속
에서 만난 도적 떼로부터 침착하고 지혜롭게 왕자를 구해 냅니다. 동
정심을 불러일으키는 인형 같은 캐릭터에서 벗어나 주어진 현실을
받아들이면서도 능동적으로 자신의 운명을 개척하는 영화 속 신데
렐라의 모습은 많은 점을 시사합니다. 게다가 토머스 모어의 『유토피
아』에 대한 언급도 모자라 레오나르도 다빈치*의 등장이라니…….
이것은 이 영화가 중세 신분사회에서 벗어나 무언가 다른 가치를 추

구한다는 것을 상징적으로 보여 줍니다.

　스페인 공주와의 정략결혼으로 괴로워하던 헨리 왕자는 하인을 구하기 위해 귀족 차림으로 왕궁에 들어와 『유토피아』를 인용해 가며 평등사상과 교육의 중요성을 일깨우는 똑똑하고 야무진 다니엘에게 호감을 느낍니다. 그런 줄도 모르고 새엄마는 큰딸 마가렛이 왕자비로 간택되도록 갖은 애를 써 보지만 번번이 실패합니다. 왕자가 다니엘을 마음에 두고 있음을 눈치챈 새엄마는 다니엘이 이미 약혼한 사람이 있다고 거짓말을 퍼뜨리는가 하면 다니엘이 하녀라고 말해 둘의 결합을 방해합니다. 진실을 말할 사이도 없이 신분이라는 '외면' 때문에 왕자로부터 '외면'을 당한 다니엘은 왕자에게 실망하고 왕궁을 빠져나옵니다. 엎친 데 덮친 격으로 다니엘은 노예 상인에게 팔려 가지만 진실은 밝혀지고, 진실된 사랑은 열매를

맺는 법, 다니엘과 왕자는 다시 만나 '그 후로도 오래오래(Ever After)' 행복하게 살았다는 결말을 맺습니다.

아버지가 돌아가신 뒤 다니엘이 농노들과 섞여 장원에서 일하는 대목, 세금을 내지 못해 노예로 팔려 가는 모리스에 대한 언급, 또 스페인 공주와의 정략결혼을 거부하다 원상 복귀하는 헨리 왕자의 모습에서 중세인들의 삶의 코드를 읽을 수 있다면, 레오나르도 다빈치가 왕자에게 말하는 개인의 자유의지와 개척 정신, 다니엘의 입을 통해 인용되는 『유토피아』의 평등사상과 교육의 중요성 같은 근대정신의 추구는 이 영화가 바로 중세와 근대를 잇는 르네상스시대*의 가치관과 시대정신을 반영하고 있다는 것을 보여 줍니다.

1. 토머스 모어의 『유토피아』

토머스 모어(Sir Thomas More, 1478~ 1535)는 1478년 런던에서 출생하여 옥스퍼드 대학에서 법률을 공부하였고 오십이 세에 재상이 되었습니다. 그러나 헨리 8세가 앤 불린과 재혼하기 위해 교황청에 전처와의 혼인 무효 소송을 제기하자 이의 불법성을 직언하고 관직에서 물러났습니다. 끝까지 뜻을 굽히지 않던 토머스 모어는 결국 단두대에서 죽음을 맞이했습니다. 그가 남긴 『유토피아』는 가공의 유토피아를 설정하여 유럽사회, 특히 영국사회의 부조리를 비판하고 있습니다. 토머스 모어는 그리스어로 '없다(ou)'라는 말과 '장소(topos)'라는 말을 합쳐서 유토피아라는 말을 만들었다고 합니다. 따라서 '유토피아'의 원래 의미는 '이상향'이 아니라 '현실 속에 존재하지 않는 곳' 혹은 '현실 속에 있을 수 없는 곳'입니다.

2. 레오나르도 다빈치 Leonardo da Vinci, 1452~1519

이탈리아 피렌체 근처의 빈치라는 마을에서 태어난 레오나르도 다빈치는 어릴 때부터 수학, 음악, 과학에 뛰어난 재능을 보였습니다. 1466년에는 피렌체로 가서 아버지 친구인 베로키오에게 그림을 비롯하여 조각, 수학을 배웠습니다. 인체 해부도와 새가 나는 모습에서 비행기를 고안했던 이야기는 너무도 유명합니다. 1482년에는 밀라노 궁정의 기술자가 되어 그림, 조각, 건축 등에서 여러 걸작을 남겼습니다. 그의 대표작으로 〈암굴의 성모〉 〈최후의 만찬〉 〈모나리자〉 등이 있습니다.

엄격한 자연 관찰과 냉철한 사고를 바탕으로 한 명암법, 원근법의 발견은 근대 회화에 큰 영향을 미쳤으며, 중세의 신 중심 세계관과는 다른 인물과 공간 표현, 깊은 정신성으로 르네상스 회화의 정점을 이루었습니다. 예술, 인체 연구, 자연 관찰, 기계 설비 등 다양한 분야에 걸쳐 그가 남긴 많은 연구 기록과 소묘 들은 르네상스를 대표하는 천재의 세계관을 전하고 있습니다.

3. 중세와 근대를 잇는 르네상스에 대하여

르네상스는 14세기 말부터 15세기에 걸쳐 유럽에서 일어났던 문예부흥 운동입니다. 이 운동은 이슬람 세계와 접촉이 빈번했던 이탈리아 상업 도시를 중심으로 프랑스, 독일, 영국 등 전 유럽으로 전파되었습니다. 르네상스(Renaissance)란 프랑스어로 '부활', '재생'이라는 뜻을 담고 있는데, 모든 것을 신 중심으로 생각하던 중세의 틀에서 벗어나 인간 중심으로 생각했던 고대 그리스로 돌아가자는 운동으로, 문화 전반에 새로운 바람을 일으켰습니다. 따라서 고대 그리스와 로마 시대를 문화의 절정기로 보는 반면 중세는 인간의 창의성과 개성이 말살된 암흑시대라는 자각 아래 문학, 미술, 건축, 사상 등 다방면에 걸친 부흥 운동이 일어났고, 더 나아가 인간의 창조성과 개성을 찾으려는 데까지 발전했습니다. 즉, 중세의 억압적인 신으로부터 해방되어 진정한 개인과 자연으로 돌아가려는 게 르네상스 운동의 정신이었습니다.

고딕양식의 건축처럼 견고한 틀, 고정관념을 강조하는 중세의 수직적 가치관과 변화를 두려워하지 않고 발상의 전환을 즐기는 르네상스시대의 수평적 가치관. 이 둘은 그 후로도 오랫동안, 심지어 현대에 이르기까지 공존하기도 하고 상충하기도 하는 가치관이 아닐까 합니다.

1. 동화 속 신데렐라와 영화 속 신데렐라의 다른 점을 적어 보고 왜 그런 차이
점들이 생기게 되었는지에 대해 함께 이야기를 나누어 보세요.

길잡이 어려서 부모를 잃고 계모와 의붓 언니에게 구박을
받다가 왕자를 만나 행복하게 살았다는 이야기는 변함이 없지만, 신데렐
라가 왕자를 만나 호감을 느끼고 사랑을 확인하는 과정을 따라가다 보면
영화에서는 동화 속 인형 같은 캐릭터와는 달리 살과 피가 도는 적극적인
성격의 소유자로 보입니다. '어린이와 가정을 위한 옛날이야기'라는 부제
가 붙은 『그림 동화』가 19세기 초 독일의 가치관을 반영한 것이라면, 1998
년 미국의 앤디 테넌트 감독이 자신의 두 딸을 위해 만들었다는 〈에버 애
프터〉는 21세기를 사는 어린이와 가정을 위한 영상 동화로 자리매김할 수
있지 않을까 합니다.

2. 요정 대신 레오나르도 다빈치가 등장하여 신데렐라와 왕자를 이어 주는 감초 역할을 하는 설정은 이 영화가 동화와 다른 점이자 영화를 보는 또 다른 재미 중 하나입니다. 호박을 마차로 변하게 하는 요정 대신 레오나르도 다빈치가 등장한 이유를 알 수 있었나요? 영화의 주제와 관련하여 다빈치의 천재적 기질, 장인 정신이 발휘되는 장면들을 찾아보세요.

✎ 길잡이 중세와는 다른 눈으로 세상을 보고 표현한 르네상스시대의 화가이자 과학자인 레오나르도 다빈치는 영화 곳곳에서 해결사 역할을 단단히 합니다. 〈모나리자〉 그림과 함께 영화에 처음 등장하는 그의 남다른 발상은 광에 갇힌 다니엘을 구하기 위해 자물쇠를 여는 대신 경첩을 빼내는 모습에서도 엿볼 수 있습니다. 연을 만들어 날리는 모습이나 물 위를 걷는 신발을 실험하는 모습 등 천재 과학자의 면모를 과시하는 장면 외에도 결정적으로 중세적 가치관(보수, 안정)과 근대적 가치관(변화, 새로움) 사이에서 방황하는 왕자에게 사랑과 자유의지의 중요성을 역설하는 장면에서는 인간 중심의 르네상스 정신을 소유한 사상가임을 암시하고 있습니다.

인생은 아름다워

원제 La Vita è Bella
감독 로베르토 베니니(1997년, 이탈리아)
등장인물 로베르토 베니니(귀도), 니콜레타 브라스키(도라), 조르조 칸타리니(조슈아)
배경 제2차 세계대전 당시, 이탈리아
상영 시간 116분(전체 관람가)
수상 1998년 칸영화제 심사위원 특별 대상, 1999년 아카데미 남우 주연상·외국어 영화상·음악상

전쟁의 포화 속에서 피어난 아름다운 거짓말

1939년은 제2차 세계대전이 막 시작된 해로, 이탈리아에서는 파
시즘®의 기세가 등등하던 때였습니다. 영화는 한 남자가 친구와 함
께 낡은 차를 타고 한적한 시골길을 달리는 장면으로 시작됩니다.
빼빼 마른 몸에 수다스러운 말투, 어딘지 모르게 착해 보이는 이 남
자의 이름은 귀도. 이제 막 도착한 도시에서 자리를 잡아 작은 책방
을 여는 게 꿈입니다.

귀도는 약혼자가 있는 초등학교 교사 도라에게 첫눈에 반합니다.
자전거 사건, 장학관 시찰 사건, 모자 사건 등으로 귀도는 한 걸음
두 걸음 도라 곁으로 다가가고, 마침내 도라의 약혼식장 테이블 아
래서 프로포즈에 성공, 결혼하여 아들 조슈아를 낳습니다.

　조슈아의 다섯 번째 생일을 앞둔 1945년 여름, 당시는 히틀러®
의 광기가 극에 달하던 제2차 세계대전 말기로, 유대인 말살 정책
에 따라 유대인을 닥치는 대로 강제수용소로 끌고 가 중노동을 시
키거나 노인과 어린이, 병자 들을 가스실로 데려가 홀로코스트®를
자행하던 시기였지요. 나치가 이탈리아를 점령하던 1945년, 유대인
인 귀도와 조슈아는 강제로 군인들에게 끌려가고, 도라도 이들을
따라나섭니다.

　화물차에 오르는 순간부터 귀도는 조슈아에게, 지금은 생일을 기
념하기 위해 소풍을 가는 중이고, 이 모든 상황이 게임이라고 거짓
말을 합니다. 독일군이 수용소 규칙을 말하면 귀도는 조슈아에게
게임 규칙으로 바꾸어 들려줍니다. 즉, 떠들지 말고 조용히 하기, 간

식 달라고 떼쓰지 않기, 말썽 피우지 않기 등의 규칙을 지키면 점수를 따게 되는데, 1000점을 제일 먼저 따는 사람이 1등 상으로 진짜 탱크를 받는다고 말입니다. 장난감 탱크를 좋아했던 조슈아는 귀가 솔깃해져 아빠의 말을 사실로 믿습니다.

귀도의 재치와 순발력으로 두 사람은 아슬아슬하게 위기를 넘기며 용케 살아남습니다. 그러나 혼란의 소용돌이에서 여자 수용소에 있는 도라를 찾아다니던 귀도는 안타깝게도 독일군에게 발각되어 죽음을 맞이하게 됩니다. 귀도는 죽음을 향해 걸어가는 그 순간에도 조슈아에게 과장된 몸짓을 보여 주며 윙크를 합니다. 이 모든 것이 단지 우스운 병정놀이일 뿐이라는 듯……

마지막 숨바꼭질 게임에서 독일군에게 들키지만 않으면 1000점을 따 1등 할 거라는 아빠의 마지막 말을 철석같이 믿은 조슈아는 하루를 꼬박 궤짝에 숨어 날이 밝기만을 기다립니다. 다음 날, 밤새 들리던 기관총 소리와 포화가 멎고 밝은 햇살이 비칩니다. 궤짝에서 나와 두리번거리는 조슈아 앞에 거짓말처럼 나타난 진짜 탱크 (연합군 탱크). 아무것도 모르는 조슈아는 "와우, 진짜였네!" 탄성을 지르며 만세를 부릅니다. 그리고 탱크 위에 올라타고 가다가 저만치 걸어가던 엄마를 발견하자 "이겼어! 아빠 때문에 배꼽 빠지는 줄 알았어!"라고 외칩니다.

1. 파시즘이란 무엇일까?

파시즘(Fascism)은 이탈리아어 파쇼(Fascio)에서 왔습니다. 파쇼는 본래 묶음이란 뜻이지만 결속, 단결이라는 뜻으로 바뀌어 사용되었습니다. 파시즘은 제1차 세계대전 뒤 불안한 사회 상황에서 일어난 혁명 세력을 반대해 등장한 것으로, 두 가지 의미가 있습니다. 하나는 이탈리아의 무솔리니가 주장하고 조직한 권위주의적이고 국수주의적인 국가 운동이며, 다른 하나는 무솔리니의 파시즘과 본질이 같은 경향이나 운동, 또는 체제 전부를 가리킵니다. 파시즘의 특징은 억압적 독재정치와 노동자 계급의 탄압, 개인의 자유 말살, 그리고 타국에 대한 침략 정책 등으로 나타납니다.

2. 히틀러 Adolf Hitler, 1889~1945

1889년 오스트리아 세관원의 아들로 태어난 히틀러는 화가가 되려고 미술 학교에 지망했으나 낙방하고 나치 당원이 되었습니다. 부모를 일찍 여의고 불우한 어린 시절을 보낸 히틀러는 입당 후 독일 민족지상주의자가 되어 국제주의적인 마르크스주의를 반대하였으며, 유대인과 슬라브족을 증오했습니다. 당시 제1차 세계대전 패망 후 자존심이 극도로 상해 있던 독일 국민의 지지로 1934년 독일의 총통 및 수상이 되어 명실상부한 일인 독재자가 되었습니다. 세계를 지배하려는 꿈을 갖고 제2차 세계대전을 일으켰으나 연합군에 패한 뒤 베를린이 함락되기 직전 자살했습니다. 특히 자신의 행위를 정당

화하기 위해 모든 인종은 우열이 있으며, 유전적으로 열등한 인종은 개량되지 않으므로 멸종되어야 한다고 주장했습니다.

3. 홀로코스트

인간이나 동물을 대량으로 학살하는 행위를 말하며, 유대교의 종교의식인 번제 행위에서 유래되었습니다. 제2차 세계대전 중 나치에 의해 자행된 홀로코스트(Holocaust)는 인종 청소라는 명목으로 약 육백만 명에 이르는 유대인을 학살하여 20세기 인류 최대의 치욕적인 사건으로 손꼽힙니다. 그 밖에는 보스니아 내전과 르완다의 종족 분쟁, '킬링필드'로 불리는 캄보디아 내전 등에서 홀로코스트가 행해졌습니다.

1. 영화의 각본을 쓰고 주인공으로 등장한 로베르토 베니니 감독이 참혹한 전쟁 속에서 희생당하는 유대인들을 그리면서도 왜 '인생은 아름다워'라는 제목을 붙였는지 이해할 수 있었나요?

📝 길잡이 아름다움이란 과연 무엇일까요? 어둠이 있어 밝음이 더욱 빛나고 거짓과 악이 있기에 참과 선이 존재하듯 아름다움이라는 것도 추한 현실, 삶의 질곡이 있을 때 이를 극복하는 인간의 의지와 실천을 통해 발현되는 것이 아닐까 합니다. 영화 제목은 러시아 혁명가였던 트로츠키가 스탈린이 보낸 자객 앞에서 "그래도 인생은 아름답다."라고 절규했던 데에서 영감을 얻은 것이라고 합니다.

2. 영화를 보면 선생님들이 인종차별적인 이야기를 아무렇지도 않게 주고받는 장면이 나옵니다. 당시 이탈리아가 어떤 상황이었기에 이런 비상식적인 대화를 하는지 알아보세요.

📝 길잡이 이 영화의 배경이 되고 있는 1939년부터 1945년까지는 이탈리아가 독일과 함께 주축국을 형성해 제2차 세계대전을 일으켰고, 전체를 위해 개인은 희생해야 한다는 파시즘을 모토로 한 파시스트

당이 집권한 시기였습니다. 특히 1945년은 제2차 세계대전이 막바지로 치달으며 히틀러와 무솔리니의 광기가 극에 달했던 시기로, 당시 학교, 특히 초등학교는 국가의 체제, 이데올로기를 보존, 유지하는 국민교육의 대표 기관이었습니다. 그때는 국가 이데올로기였던 파시즘, 그리고 자국민의 우수성을 강조하기 위해 다른 민족을 희생양으로 삼는 인종차별주의가 만연하던 시기였습니다. 도라의 약혼식에 참석한 다른 선생님들이 수학 문제로 열띤 토론을 벌인 것 외에도 퀴즈와 수수께끼광이던 레싱 박사와의 재회 장면 때 김빠져 하던 모습은 지식, 정보 습득 위주의 공부에 앞서 우리가 관심 가져야 할 일은 무엇인지, 올바른 앎을 위해 우리에게 필요한 공부는 과연 무엇인지를 시사하고 있습니다.

아름다운 시절

감독 이광모(1998년, 대한민국)
등장인물 안성기(최씨), 이인(성민), 김정우(창희), 배유정(안성댁), 송옥숙(여주댁)
배경 1950년대, 대한민국
상영 시간 120분(12세 이상 관람가)
수상 1998년 동경 영화제 작품상, 1999년 대종상 작품상·감독상

고난 속에서 간직한 희망의 불씨

"저 빨갱이 자식을 끌어내!" 어스름한 우물 속을 향해 마을 사람들이 고래고래 고함을 지르고 욕을 하는 장면으로 영화는 시작됩니다. 들릴락 말락 "다들 미쳤어!"라고 말하는 키 큰 남자 선생님의 목소리로 마무리되는 오프닝 시퀀스. 그런데 이 영화의 제목이 '아름다운 시절'이라니, 무슨 영문일까요? 〈아름다운 시절〉은 한국전쟁*이 막바지로 치닫던 1952년부터 1953년까지를 배경으로 합니다. 역사의 모순, 아픔, 아이러니 등을 드러내면서도 한지붕 밑에 살던 열두 살 또래 두 남자아이의 순수한 우정을 보여 주는 성장 영화입니다.

　주인공인 성민과 창희는 둘도 없는 단짝 친구입니다. 아버지 최씨가 미군 장교와 사귀는 딸 덕분에 미군 부대에 취직되면서 성민네 집은 점점 넉넉해지지만, 아버지가 전쟁 포로로 끌려간 창희네는 끼니 잇기가 힘들 정도로 가난하기만 합니다. 안성댁이 성민 어머니 여주댁에게 곡식을 꾸려다 구박받는 것을 본 최씨는 안성댁에게 미군 속옷 빠는 일을 주선하지만 빨래를 잃어버린 안성댁은 더 큰 곤경에 처합니다.

　전쟁과 가난이라는 각박한 현실 속에서 어른들이 생존을 위해 몸부림치고 있을 때에도, 아이들은 천진난만하게 새로운 놀잇거리를 찾아 온 동네를 들쑤시고 다닙니다. 성민과 창희가 미군 지프에서 망원경을 훔치기 위해 방앗간에 몰래 숨어들던 날, 둘은 안성댁

과 미군 하사가 함께 있는 장면을 목격합니다. 그리고 성민의 아버지 최씨가 망을 보고 있다는 사실도……. "그날 이후 다시는 아버지의 자전거를 타지 않았다."라고 쓴 성민의 일기 한 줄이 사이 자막으로 보입니다. 다음 날 방앗간에는 불이 나고, 창희는 성민에게 한마디 말도 남기지 않은 채 사라져 버립니다.

창희를 찾아다니던 성민은 둘만의 비밀 장소인 고목나무 밑에서 창희가 자신에게 남기고 간 미제 라이터를 발견합니다.

이듬해 여름, 방앗간 근처의 늪에서 미군 밧줄에 묶인 채 심하게 부패된 아이의 시신이 발견됩니다. 그 시신이 분명 창희일 거라는 동네 사람들의 추측을 부인하던 성민은 창희가 두고 간 라이터가 켜지지 않자 결국 창희의 죽음을 인정합니다. 성민은 아이들과 함께 모의 장례식을 치르고 고목나무가 있는 동산 위에 무덤도 하나 만들어 줍니다.

　미국 유학 시절인 1989년에 〈아름다운 시절〉로 이미 몬트리올 영화제에서 시나리오상을 받았던 이광모 감독은 낡은 일기장이나 사진첩을 들추어 보는 느낌으로 영화를 만들었다고 합니다. 마치 성민의 일기장을 엿보듯 열두 개의 사이 자막이 영화 마디마디 들어가고, 자막 밑에는 작은 글씨로 52년에서 53년에 이르는 역사적, 정치적 상황들이 파편처럼 등장합니다. 희미한 과거의 기억을 더듬어 가듯 카메라는 많은 장면을 멀리서 어슴푸레 오랫동안 잡습니다.˚ 마지막 화면에 카메라는 미군의 물건을 빼돌리다 붉은 페인트를 뒤집어쓰고 쫓겨난 최씨를 따라 새벽에 마을을 빠져나가는 성민네 일가족, 특히 미군의 아이를 밴 성민이 누이를 달구지에 태우고 굽이굽이 산길을 돌아 마을을 빠져나가는 모습을 오랫동안 보여 주는데, 이 불편하고 고통스럽게 느껴지는 긴 화면은 애조 띤 대금 소리에 실려 아득한 기억의 저편을 다시 돌아보게 합니다.

　미군 편에 빌붙어서 부자가 되었다 다시 몰락한 성민네 가족, 또 다른 선택으로 아이를 잃고 불구가 되어 돌아온 창희네 가족, 빨갱이 자식 소릴 들으며 한평생 고통스럽게 살아갈 몇몇의 가족, 그리고 한 번도 등장하진 않았지만 북에서 가족을 기다릴 성민의 할머니, 할아버지 그리고 성민의 형……. 이들을 두고 "그래도 삶은 아름답다!"라고 말할 수 있을까요? 감독은 소리 없이 흩날리는 눈발처럼 아주 작은 글씨로 이렇게 적고 있습니다. "고난과 절망의 시대에도 늘 희망의 불씨를 간직하고 사셨던 할아버님과 아버님께 이 영화를 바칩니다."

1. 한국전쟁^{1950~1953}

1945년 해방 후 한반도 남과 북에는 각각 민주
주의와 공산주의 정부가 들어섰습니다. 한반도를
공산주의 정권으로 통일하려던 북한은 1950년 6월 25일 남한을 공
격해 단숨에 서울을 점령하였습니다. 이에 미국은 국제연합 회의를
소집하였고 십육 개국으로 이루어진 국제연합군이 전쟁에 참여했
습니다. 전쟁 초반 낙동강 유역까지 북한군에게 점령당한 남한은 맥
아더 장군이 이끄는 국제연합군의 '인천 상륙 작전'으로 전세를 역
전시켜 압록강까지 진군하였습니다. 하지만 육십만의 중국 공산군
이 개입함으로써 전쟁은 38선 중심으로 밀고 밀리는 각축전이 되었
습니다. 전쟁이 계속되자 세계 전쟁으로 커질 것을 우려하여 1951
년 6월 23일 국제연합의 소련 대표가 전쟁을 중지하자고 제안했고
약 이 년 동안의 회의 끝에 남과 북은 둘로 갈라섰습니다. 이 전쟁
으로 군인뿐만 아니라 민간인마저 '빨갱이'와 '반동분자'로 분류되
어 이념으로 서로에게 고통을 주었고, 한민족이면서 서로를 적대시
하는 지울 수 없는 상처를 남겼습니다.

2. 롱테이크

숏이나 컷과 비슷한 의미로 쓰이는 테이크는 영화의 기본 단위로
촬영기의 스위치를 한 번 눌러서 손을 뗄 때까지 찍힌 필름 토막을
말합니다. 따라서 롱테이크(long take)는 말 그대로 필름 한 토막의
길이가 무척 긴 것을 지칭합니다. 즉, 한 번에 장시간 촬영된 필름 토

막이 롱테이크이며 우리말로는 장시간 촬영이라고도 부릅니다. 로
버트 올트먼이 감독한 〈플레이어〉의 오프닝 시퀀스, 임권택 감독의
〈서편제〉에서 〈진도아리랑〉을 부르며 고개를 내려오는 장에 이 롱테
이크가 쓰였습니다. 〈내 친구의 집은 어디인가〉 〈올리브 나무 사이
로〉 같은 이란 영화에서 많이 볼 수 있고, 이광모 감독의 〈아름다운
시절〉은 거의 대부분의 컷이 롱테이크로 제작되었습니다.

1. 아이들이 두 편으로 나뉘어 사슴벌레 두 마리를 놓고 싸움을 시키며 재미있어하는 장면은 영화의 주제와 관련하여 무엇을 시사하는지 이야기 나누어 보세요.

🖉 길잡이 제2차 세계대전 이후 제3세계 국가들은 앞다투어 독립을 했고, 우리나라도 패전국 일본 천황의 항복 선언으로 마침내 1945년 8월 15일 독립했습니다. 그러나 엄밀히 말해 우리의 독립은 자주적인 독립이 아니라 외세에 의한 것으로, 북쪽은 소련이 남쪽은 미국이 진주하여 신탁통치를 했습니다. 한국전쟁은 미·소 냉전의 첨예한 대립에서 비롯된 전쟁으로, 영화 속에서 덩치 큰 아이들이 연약한 사슴벌레에게 막대기를 들이대며 강제로 싸움을 붙이는 장면은 강대국의 이해관계 속에서 남한은 미국 자본주의의 최전방, 북한은 소련 공산주의의 최전방이 되어 원치 않은 전쟁을 했던 역사를 상징하고 있는 듯합니다.

2. 창희가 성민에게 남기고 간 라이터가 상징하는 것은 무엇일까요?

🖉 길잡이 라이터는 창희가 가장 아끼는 보물이자 자신의 분신과도 같은 것. 또 불씨가 점화된다는 점에서 꺼지지 않는 희망을 상징

합니다. 미제 라이터는 미군들의 아지트인 방앗간에서 주운 것으로, 미국을 동경하는 상징적인 물건인 동시에 굴욕의 현장을 목격한 창희가 방화의 무기로 썼을 것으로 추측됩니다. 해방 직후 초콜릿, 가전제품, 쌕쌕이(제트기)에 이르기까지 미국 제품에 대한 동경은, 미국은 부자 나라, 우방, 은인이라는 공식과 함께 오랫동안 사람들 머릿속에 자리 잡아 왔던 게 사실입니다. 미군에게 희생당한 창희의 모의 장례식을 치르던 아이들이 노제 행렬을 무시하고 과속 운전을 하는 미군 트럭을 따라가며 '기브 미 초콜릿'을 외치는 것처럼 역사의 아이러니를 보여 주고 있는 물건들이라 하겠습니다.

성장

키드

오즈의 마법사

개 같은 내 인생

포레스트 검프

사이먼 버치

나의 장미빛 인생

빌리 엘리어트

우리들의 일그러진 영웅

키드

원제 The Kid
감독 찰리 채플린(1921년, 미국)
등장인물 찰리 채플린(찰리), 재키 쿠건(아이), 에드나 퍼비언스(아이의 엄마)
배경 1920년대, 영국
상영 시간 68분(전체 관람가)

찰리 채플린의 어린 시절을 투영한 자전적 영화

1921년에 만들어진 채플린*의 〈키드〉는 감독 자신의 어릴 적 이 야기를 담은 자전적인 영화이자 20세기 초반 영국의 현실을 잘 보여 주는 작품입니다. 좀처럼 보기 힘든 무성영화의 매력에 흠뻑 빠져들 수 있는 작품으로, 일인육역(제작, 각본, 감독, 음악, 편집, 주연)을 맡은 찰리 채플린의 다재다능한 개인기가 화면 곳곳에서 빛을 발합니다.

20세기 초반, 영국은 산업혁명*으로 기계가 손을 대신하게 되면서 사람들이 일자리를 잃고 가난에 허덕이고 있었습니다. 찰리는 아침 산책길에 버려진 아이를 발견합니다. 아이를 버린 사람은 뮤직

홀의 무명 가수, 지금으로 말하면 무명 연예인인 셈이죠. 거리를 지나가는 사람들, 제법 부유해 보이는 사람들도 눈길조차 주지 않는 아이를 찰리는 차마 외면하지 못합니다. 뚜렷한 직업 없이 어렵게 하루하루 를 살아가는 홀아비 신세이면서…….

어느덧 오 년이라는 세월이 흘러 아이는 유리 갈아 끼우는 일을 하는 찰리의 든든한 동업자가 됩니다. 아이가 돌팔매질하는 솜씨가 늘어 갈수록 갈아 끼워야 할 유리창의 수는 점점 많아지고, 둘은 완벽한 분업으로 생계를 꾸려 갑니다. 한편 아이를 버려야만 했던 여인은 성공한 대스타가 되어, 속죄하듯 틈틈이 달동네에 가서 자선 활동을 벌입니다. 그러나 안타깝게도 자기가 버린 자식을 알아보지 못하고 강아지 인형만을 건네주고 돌아섭니다.

강아지 인형을 자랑하던 아이는 그만 불량배에게 인형을 빼앗기고, 안간힘을 다해 한 뼘이나 더 큰 상대를 공격합니다. 이때 등장한 불량배의 형 또한 덩치와 주먹이 만만치 않습니다. 아이들의 시비는 어른 싸움으로까지 번집니다. 다행히 찰리와 아이는 용케 위기를 모면하지만, 결국 아이는 그 일로 병이 나고 의사를 불러 진찰을 받습니다.

왕진 온 의사는 아이가 누워 있는 열악한 환경(부서지고 삐걱거리는 계단과 의자에 먼지 풀풀 날리는 실내)과 무능력하고 비정상적으로 보이는 찰리를 그냥 지나치지 않습니다. '적절한 보호'를 위해 아이를 고아원에 강제로 넘기려고 경찰을 데려오지요. 당시 영국에선 고

아들을 데려다가 최소한의 끼니와 잠자리를 해결해 주는 대가로 일을 시키는 것이 흔한 풍경이었습니다(바로 채플린 자신의 어릴 적 이야기이기도 하고 『올리버 트위스트』 같은 소설에도 이런 사실이 잘 드러나 있죠.).

쫓고 쫓기는 추격 끝에 찰리는 위험을 무릅쓰고 지붕에서 뛰어내려 아이를 되찾습니다. 밤이 깊어 여인숙을 찾은 찰리와 아이. 이때 신문을 보고 있던 여인숙 주인은 아이에게 현상금이 걸려 있음을 알게 되고, 찰리가 잠든 사이 아이를 경찰서에 데려갑니다. 결국 아이는 엄마와 만나게 되고 잠에서 깨어 미친 듯이 아이를 찾아 헤매던 찰리는 새벽녘에야 계단에서 잠이 듭니다. 경찰은 찰리를 찾아와 낯선 집으로 안내합니다. 그곳에선 아이과 아이의 엄마가 찰리를 기다리고 있습니다. 안도의 한숨을 내쉬면서도 어색해하는 찰리의 뒷모습을 비추며 영화는 끝이 납니다.

상식 두 컷

1. 어린 시절의 채플린

　지팡이에 중절모, 헐렁한 바지에 낡은 군화, 그
리고 짧은 콧수염이 트레이드 마크인 채플린은
1889년 런던의 빈민가에서 태어났습니다. 채플린은 어렸을 때부터
뮤직홀에서 일하던 부모님의 영향을 받아 어깨너머로 춤과 노래를
배우고 흉내 내기 잘하고 상상하기를 좋아하는 아이였습니다. 아버
지가 일찍 돌아가시고 어머니도 알코올중독으로 병원 신세를 지게
되자 보육원에 보내진 채플린은 일 년도 안 돼 뛰쳐나와 신문팔이,
호텔 심부름꾼, 공장 직공 같은 일을 전전하며 배고프고 외롭게 지
냈지만 어머니에게만은 효성이 지극했다고 합니다.

　채플린이 한번은 다른 아이들처럼 철없이 장난감을 사 달라고 조
르자, 아버지는 "네 머리가 장난감이다."라고 하셨다고 합니다. 그때
채플린은 레고 블록과 같이 손으로 만질 수 있는 장난감 대신 머릿
속의 장난감(상상력)으로 집도 짓고, 배도 만들고, 인형극도 하며 놀
았을 것입니다. 상상력은 쓰면 쓸수록 발전하는 법! 아무리 써도 부
서지지 않고 오히려 넘쳐 나고 발전했던 상상력과 아이디어는 어른
이 되어서도 자신이 만든 영화 곳곳에 펼쳐져 많은 사람들에게 웃
음과 감동을 선사합니다. 만일 채플린의 아버지가 부자여서 사 달
라는 대로 장난감을 다 사 주었다면 어떻게 되었을까요?

2. 산업혁명

　영국의 직물 산업에서 시작된 산업혁명은 1830년대 이후 프랑스

로, 19세기 중반 이후에는 독일과 미국으로 번져 나갔습니다. 공장제 기계공업으로 대표되는 거대한 생산력은 인간의 생활을 편리하고 풍요롭게 했다는 긍정적 측면도 있으나, 인간의 노동이 기계의 부속물처럼 되어 버리는 노동 소외 현상을 가져오기도 했습니다. 특히 아무런 제도적 보호 장치가 없던 산업혁명 초기에는 여자와 어린이까지 값싼 임금으로 노동력을 착취당했습니다.

1. 여러분이 감독이라면 어떤 식으로 영화를 끝낼지 이야기해 보세요.

2. 〈키드〉는 채플린의 첫 번째 장편 무성영화입니다. 오래전에 만들어진 영화임에도 배우들의 표정이나 동작 하나하나가 마치 발레 동작처럼 음악과 딱딱 들어맞는 것을 느낄 수 있습니다. 정교한 움직임, 관객에게 즐거움을 선사하는 영화적 리듬은 어떻게 가능한 것일까요?

✎ 길잡이 영화 〈키드〉는 영화배우로서 이미 큰 성공을 거둔 찰리 채플린이 감독 겸 제작자로 변신하여 만든 첫 작품으로, 당시 서른셋이었던 채플린은 다른 사람이 상상할 수 없는 엄청난 노력을 이 영화에 쏟아부었습니다. 한 통(육십 분)짜리 완성 필름을 얻기 위해 무려 사십 통의 필름을 찍고 자르고 붙이고 잘된 부분만 골라 편집했다는 데서도 그 사실을 엿볼 수 있습니다. 다시 말해 맘에 쏙 드는 한 장면을 뽑아내기 위해 평균 사십 회의 레디고, 액션, 컷을 반복한 셈이지요. 그래서 각 장면 장면은 마치 잘 안무된 발레 공연을 보는 것처럼 리드미컬하고 배경음악과 행동, 표정 등이 딱딱 들어맞습니다. 에디슨이 "천재는 1%의 영감과 99%의 노력으로 이루어진다."라는 말을 남겼지요. 채플린의 일화는, 40배의 남다른 노력이 적어도 한 분야의 거장을 만드는 것이 아닐까 하는 생각을 하게 합니다.

오즈의 마법사

원제 The Wizard of Oz
감독 빅터 플레밍(1939년, 미국)
원작자 L. 프랭크 바움(1900년)
등장인물 주디 갈랜드(도로시), 프랭크 모건(오즈의 마법사)
배경 20세기 초, 미국 캔자스시티
상영 시간 102분(전체 관람가)
수상 1939년 아카데미 음악상·특별상

인간을 만드는 세 가지 요소,
지혜·마음·용기

〈오즈의 마법사〉*는 1900년에 출간되어 화제를 모았던 프랭크 바움의 동화를 1939년 뮤지컬 영화로 만든 작품입니다. 이 영화를 만든 빅터 플레밍은 같은 해 〈바람과 함께 사라지다〉라는 영화로 큰 성공을 거둔 뒤, 어린 딸을 위해 이 영화를 만들었습니다. 프랭크 바움은 한때 양계장, 외판원 일을 하다가 지방 신문기자를 거쳐 작가가 되었고, 빅터 플레밍은 트럭 운전사, 영화사 소품 담당을 거쳐 감독이 되었습니다. 두 사람 모두 대공황기라는 어려운 시절을 겪으면서도 꿈을 버리지 않고 오롯이 일구어 낸 공통점이 있습니다.

근심 걱정이 없는 곳, 무지개 저편 어딘가에 행복이 있을까 궁금

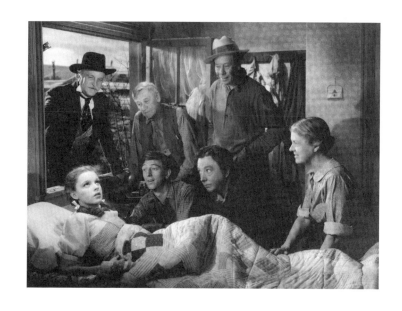

해하던 도로시는 캔자스에 불어닥친 회오리바람에 휩쓸려 환상의
세계로 날아갑니다. 도로시가 떨어진 곳은 난쟁이들이 사는 먼치킨
시. 노란 길을 따라, 무엇이든 소원을 이루어 준다는 오즈의 마법사
를 만나러 가던 도로시는 여행 도중 '두뇌(지혜) 없는 허수아비', '심
장(마음) 없는 양철 나무꾼', '용기 없는 겁쟁이 사자'를 만나 함께 모
험을 떠납니다. 못된 서쪽 마녀의 훼방으로 갈 길은 멀기만 하지만
우정과 지혜로 역경을 헤쳐 나가며 천사 같은 동쪽 마녀의 도움으
로 오즈가 사는 성에 도착합니다. 하지만 당장이라도 소원을 들어
줄 것 같았던 오즈의 마법사는 서쪽 마녀의 빗자루를 가져오라며
조건을 내겁니다. 왔던 길을 되돌아 마녀의 성에 들어간 도로시는
온갖 위험 속에서 세 친구(허수아비, 양철 나무꾼, 사자)의 도움으로

결국 빗자루를 빼앗아 옵니다.

일행은 약속대로 자신들에게 부족한 두뇌, 마음, 용기를 달라고 간청하지만, 오즈의 마법사는 이미 그 모든 것이 허수아비, 양철 나무꾼, 사자 안에 존재한다고 말합니다. 한편 주인공 도로시는 집을 떠나서야 비로소 집의 소중함을 느끼고 그리운 고향으로 돌아갑니다.

지혜로우면서 지혜를 원하던 허수아비, 다정하고 따뜻하면서도 마음이 없다고 생각하는 양철 나무꾼, 용감하면서도 용기를 원하던 사자, 무지개 저편에 무엇이 있을까 궁금해하던 도로시. 이들은 모두 가장 가까운 곳에 행복이 있는데도 먼 곳에서 행복을 찾아 헤매고, 스스로 자신이 지닌 가치의 소중함을 못 느끼는 어리석음을 일깨우는 존재들이 아닐까요?

상식 두 컷

1. 영화 〈오즈의 마법사〉에 대하여

영화의 원작인 『오즈의 놀라운 마법사』는 신기한 왕국 오즈에서 펼쳐지는 흥미진진한 이야기로, 1902년 처음 연극 무대에 올려진 이후 영화, 드라마, 뮤지컬, 만화, 팬시 용품의 단골 메뉴가 되었습니다. 인터넷 서점 아마존은 이 동화를 20세기 최고의 베스트셀러로 선정하기도 했습니다. 영화 〈오즈의 마법사〉는 〈E.T.〉나 〈스타워즈〉 같은 영화의 테마와 이미지에 차용된 공을 인정받아, 20세기 최고의 영화로 선정(1999년 미국 ABC TV가 실시한 투표)되기도 했답니다.

2. 주제곡 〈Over the Rainbow〉에 대한 단상

우리가 "그 속에서 놀던 때가 그립습니다."라는 〈고향의 봄〉 가사를 읊조리며 과거의 향수에 젖는 것을 좋아한다면 미국인들은 "무지개 저편 어딘가에(somewhere over the rainbow)"라는 노래를 부르며 그들만의 아메리칸드림에 부풉니다. 은연중에 각 나라의 국민성이 노래에도 반영되고 있는 게 아닐까 싶어요.

20세기 최고의 명곡이라고 할 만한 이 노래는 주디 갈랜드가 불러 아카데미 주제가상 및 음악상 두 개 부문을 수상했습니다. 아름다운 가사와 귀에 착 감기는 멜로디로 듣는 이를 무지개 너머 아름다운 세계로 이끌고 가는 듯한 이 노래는 수많은 가수들에 의해 다시 불렸습니다. 로맨틱 코미디 영화의 배경음악으로도 자주 등장하는데, 톰 행크스와 멕 라이언이 찰떡 호흡을 과시했던 〈유브 갓 메일〉과 〈시

애틀의 잠 못 이루는 밤〉, 브래드 피트가 생사를 초월한 로맨티스트
로 나온 〈조 블랙의 사랑〉에서도 확인할 수 있습니다.

1. 오즈의 마법사가 허수아비, 양철 나무꾼, 사자에게 상장과 훈장, 학위 증명서 같은 것을 수여하면서 이미 네 안에 지혜, 마음, 용기가 충분히 있다고 한 말을 이해할 수 있었나요?

✏ 길잡이 두뇌가 없다며 괴로워하던 허수아비는 여행 중 난관에 부딪힐 때마다 지혜를 발휘합니다. 심장이 없다고 한탄하던 양철 나무꾼은 동정심으로 눈물을 철철 흘리기도 하고요. 용기가 없다며 벌벌 떨던 사자 역시 도로시가 위기에 처하자 저도 모르게 힘을 발휘해 원숭이 괴물들을 혼내 줍니다. 스스로 '없다'고 포기했던 부분들이 사실은 자기 안에 있음을 웅변해 주는 장면입니다. 결국 인간(人間)이란 한자 표기 그대로 사람과 사람 사이의 '관계' 속에서 자신의 정체성을 깨닫게 되는 것 같습니다. 비록 허풍쟁이 마법사 오즈의 도움이 필요하긴 했지만……. 조금 엉뚱한 생각인지는 모르겠지만 부모와 선생의 역할이란 오즈의 마법사처럼 아이들을 잘 관찰하고(도로시의 가족사진을 보며 근거 있는 허풍을 떨어 자신의 말을 믿게 만드는 장면을 보면 그가 마치 타고난 심리 상담가, 선생이란 생각이 듭니다.) 아이가 내면에 지니고 있는 장점을 끌어내 자신감을 갖도록 바람잡이 역할을 하는 사람이 아닐까 해요. "불성(佛性)이란 네 마음 안에 들어 있다. 미처 깨닫지 못했을 뿐." 하고 설법한 부처의 가르침 또한 이런 의미에서 볼 때 현대적 의미의 참교육관인 듯합니다.

2. 어린 씨앗이 싹이 나 열매를 맺는 데 필요한 것이 물, 공기, 온도라면 인간이 성장하는 데 빼놓을 수 없는 요소들은 무엇일까요?

✏️ 길잡이 수업 중 경험담 하나! 초등학교와 중학교에서 이 영화를 보고 난 뒤 간단한 설문 조사를 한 적이 있습니다. 질문은 "인간이 성장하는 데 필요한 요소 베스트 5는 무엇일까?"였습니다. 공통적으로 나온 대답은 영화 속에서도 강조되었던 용기, 지혜, 마음이었고, 이 밖에도 집, 가족, 친구, 우정, 믿음(종교) 등이 있었습니다. 또 어떤 학생들은 건강한 몸, 사랑, 돈이라는 대답도 서슴없이 했습니다. 여러분이라면 같은 질문에 어떤 대답을 보태고 싶으세요? 자신이 올곧고 큰사람으로 성장하기 위해서 어떤 항목들을 추가해야 할지 스스로 묻고 답해 보세요.

3. 영화를 보면 흑백에서 시작해 컬러로 그려지다가 마지막 부분에서 다시 흑백으로 바뀝니다. 감독은 왜 이러한 방법으로 영화를 만들었을까요?

✎ 길잡이 흔히 과거를 연출할 때 빛바랜 사진처럼 보이기 위해 흑백으로 처리한다든가 혹은 의도적으로 흑백과 컬러를 조화시키는 방법을 사용합니다. 1939년은 할리우드 영화의 역사를 돌이켜 볼 때 유성 영화가 정착하고 컬러 영화 제작 기술이 완성되던 때입니다. 감독은 외숙모 집에 얹혀사는 열두 살 소녀 도로시의 단조로운 현실을 강조하기 위해 앞뒤를 흑백으로 처리하고, 소녀가 꿈꾸는 환상의 세계, 오즈로 가는 길을 오색 무지개가 영롱한 꿈의 세계로 설정하기 위해 컬러를 택해 확연히 대비시킵니다. 하지만 꿈은 현실의 반영이라는 듯 마을의 철학자(심리, 운세 상담가), 걸치(고양이를 키우는 교만한 독신녀), 동네 일꾼 아저씨들 셋을 각각 오즈의 마법사, 못된 마녀, 양철 나무꾼, 허수아비, 사자 등으로 바꾸어 놓은 설정이 매우 흥미롭습니다.

개 같은 내 인생

원제 Mitt Liv Som Hund
감독 라세 할스트룀(1985년, 스웨덴)
등장인물 안톤 그란세리우스(잉마), 토마스 폰 브롬센(삼촌)
배경 1950년대, 스웨덴
상영 시간 101분(15세 이상 관람가)
수상 1988년 골든글로브* 외국어 영화상

성장은 환경과의 끊임없는 대화*

　스웨덴 소년 잉마는 혼자서 공상하고 사색하기 좋아하는 아이입니다. 그렇다고 장난기가 없다고 생각한다면 오산입니다. 잉마가 가는 곳마다 엉뚱하고 재미있는 일이 벌어지니까요. 밤하늘을 바라보며 우주선에 대해 궁금해하기도 하고 수많은 별을 배경으로 성에 대한 호기심이 꼬리에 꼬리를 물고 이어집니다. 별들에게 자신의 속내를 이야기하는 장면은 영화가 끝날 때까지 여러 번 나오는데, 엄마 대신 하늘에게라도 이야기하고 싶은 주인공의 외로운 속마음을 표현한 듯합니다.
　자, 그럼 잉마의 이야기 속으로 들어가 볼까요?

열두 살짜리 소년 잉마는 결 핵에 걸린 어머니와 형, 자신의 사랑하는 개, 싱킨과 함께 살고 있습니다. 잉마는 동네 형한테 성교육을 받다 봉변을 당하는 가 하면 오줌을 싸기도 하고 형 과 장난치다 수프 그릇을 엎기 일쑤입니다. 또 여자 친구와 기 차가 지나가는 다리 밑에서 이 상한 놀이(?)를 하다가 여자 친 구의 부모님께 들켜 야단을 맞 는 개구쟁이이기도 합니다. 병 으로 나날이 쇠약해져 가는 엄

마는 잉마가 한번 사고를 저지를 때마다 불같이 화를 내곤 하지요.

마을에 불을 내던 날, 사고뭉치 잉마는 시골 삼촌 댁으로 보내지 고, 거기서 많은 사람들을 만납니다. 툭하면 개 흉내를 내는 낙천적 인 삼촌과 숙모, 묵묵히 자기 일을 하는 지붕 수리공 할아버지, 그 런가 하면 침대에 누워서 여성 속옷 광고를 잉마에게 읽어 달라고 하는 노인 오빈슨과 풍만한 몸매와 금발의 소유자 그리스 양……. 그리고 깡통 우주선을 만들어 발사 시험을 하는 마니와 축구와 권 투를 하는 매력적인 여자아이 샤가를 만납니다.

결핵을 앓던 어머니가 세상을 뜨던 날, 잉마는 "이곳 겨울은 혹

독하게 춥단다."라고 말했던 숙모의 말처럼 뼛속 깊이 스미는 상실
감과 외로움을 느낍니다. 그러나 성장기엔 쉽게 상처를 입기도 하지
만 또 빨리 아물기도 하는 법! 혹독한 겨울을 보낸 잉마는 봄 햇살
과 함께 어느새 일상으로 돌아와 있습니다. 친구 마니의 우주선 발
사 두 번째 실험에 샤가와 함께 동원되어 진흙탕 속으로 곤두박질침
으로써 동네 어른과 아이들을 즐겁게 합니다.

  얼마 후, 잉마와 이름이 같은 스웨덴의 권투 선수가 미국 헤비급
챔피언을 때려눕혔다는 라디오 중계로 온 동네가 시끌벅적해집니
다. 그런데 잉마는 보이지 않습니다. 함께 권투를 하며 친해진 여자
친구 샤가 옆에 곤히 잠들어 있었던 것입니다. 영화는 잉마의 평안
한 모습을 클로즈업으로 보여 주며 끝이 납니다.

상식 두 컷

1. 아카데미상과 골든글로브상

아카데미상은 미국에서 가장 권위 있는 영화상으로, 미국의 영화예술과학아카데미에서 수여합니다. 후보는 매년 12월 31일까지 미국 LA에서 일주일 이상 상영한 것이되, 영어를 사용한 영화입니다. 상금은 따로 없고 트로피가 수여되는데, 이 시상식에서 주는 작은 입상이 바로 오스카상입니다. 오스카상이란 이름은 1931년에 도서관 사서인 마거릿 헤릭이 청동 도금의 인간 입상(높이 34.5센티미터)을 보고 "어머, 꼭 우리 옆집 사는 오스카 아저씨처럼 생겼네."라고 말한 데서 유래했다는 이야기도 있습니다.

골든글로브상은 아카데미상과는 별도로 1943년에 설립된 할리우드 외신기자협회에서 수여합니다. 2, 3월에 시상하는 아카데미상보다 앞선 1월에 발표되기 때문에 아카데미의 전초전이라 불립니다.

아카데미상은 영어를 사용한 영화에만 한계를 둔다는 점에서 엄밀히 말하자면 국제영화제가 아니지만 그럼에도 아카데미 영화제가 관심을 끌고, 아카데미 특수라는 말이 나돌 정도로 부대 효과를 누리는 것은 영화 산업에서 미국의 영향력이 그만큼 크기 때문이겠지요?

2. '대화'에 대한 단상

"역사는 현재와 과거의 끊임없는 대화"라고 주장한 역사학자 E. H. 카의 말에서 힌트를 얻어 붙여 본 부제입니다. 개인의 역사인 성장이 주위 환경과 끊임없는 대화 속에서 일어나는 것이라 정의한다면, 결국 나는 내가 접해 온 사람, 사회, 자연과의 접촉 혹은 책, 영화, 방송 등 매체와의 소통을 통해 알게 모르게 날마다 조금씩 자라는 것 아닐까 합니다. 그중에서도 나에게 가장 직접적인 영향을 미치는 존재는 바로 가족과 친구 같은 주변 사람들입니다. 결국 "나라는 존재(인격)는 이제껏 내가 만난 모든 사람(것)들의 총합이다!"라는 것.

사람과 사람 사이의 소통, 부딪침, 투쟁 등 그야말로 틈, 사이(間)에서 자라나는 유기체가 바로 살아 숨 쉬는 인간일 테니까요.

1. '개 같다', '개 같은'이란 말은 우리나라에선 비속어입니다. 어떤 의미에서 열두 살 소년 잉마의 인생을 그린 영화 제목에 '개 같은'이라는 표현을 썼는지 감독의 의도를 알 수 있었나요?

길잡이 이 영화는 레이다르 옌손의 자서전을 각색해 만든 것으로, 북유럽에서는 '개 같은'이란 말을 우리와는 달리 좋은 의미로 쓴다고 합니다. 영화에서 잉마가 다른 친척에게 맡겨진 자신의 개, 싱킨을 걱정하고 데려다 달라고 떼를 쓰는 장면이 나옵니다. 아빠 없이 병든 엄마와 함께 살며 많은 것을 혼자 해결해야 했던 잉마에게 개 싱킨은 자신의 뜻과는 상관없이 친척 집에 맡겨진 존재, 즉 자신의 분신이었던 것이죠. 그래서 제목이 '개(싱킨) 같은 내 인생'이라 붙여진 건 아닐는지…….

2. 삼촌이 사는 시골 마을에는 유리 제품을 만드는 공장이 있습니다. 감독은 유리병이 만들어지는 과정을 다른 장면에 비해 오랫동안 클로즈업하는데, 성장과 관련하여 이 유리 공장이 상징하는 것은 무엇일까요?

길잡이 라세 할스트룀 감독은 〈길버트 그레이프〉〈초콜릿〉 등의 영화를 만든 스웨덴 출신의 감독으로, 클로즈업을 절제하고 롱숏

(멀리 찍기)을 고수하는 감독으로 정평이 나 있습니다. 시골 마을, 삼촌 댁으로 이사 간 잉마는 삼촌을 따라 유리 공장에 놀러 갑니다. 이때, 뜨거운 용광로에 들어 있던 유리 액체에 긴 막대로 숨을 불어 넣어 저마다 다른 형태를 지닌 제품을 만드는 과정이 오랫동안 클로즈업됩니다. 이것은 때론 고통스러운 성장 과정을 거쳐야 아름다움을 지닌 인간으로 성장해 가는 것을 말하려는 감독의 의도 때문이 아닐까 싶습니다.

포레스트 검프

원제 Forrest Gump
감독 로버트 제멕키스(1994년, 미국)
등장인물 톰 행크스(포레스트 검프), 로빈 라이트(제니), 샐리 필드(엄마), 게리 시니즈(댄 중위)
배경 20세기 현대, 미국
상영 시간 142분(12세 이상 관람가)
수상 1994년 아카데미 최우수 작품상·남우 주연상·감독상·편집상·시각 효과상 등

바보와 영웅은 종이 한 장 차이?

영화 내내 뜀박질을 하며 천재적인 달리기 실력을 뽐내는 포레스트의 IQ는 75. "바보란 단지 지능이 낮은 것일 뿐"이라며 뭇사람들의 시선을 아랑곳하지 않고 꿋꿋하게 자식을 키우는 홀어머니와 살아가고 있습니다. 포레스트가 또 하나의 위안으로 삼는 것은 여자 친구 제니. 자신을 학대하는 아빠 때문에 힘들어하는 제니 역시 포레스트한테 위로를 받으며 의지하지요. 포레스트와 제니, 둘은 콩과 콩깍지 같은 사이가 되어 함께 나무를 타고 책도 읽으며 성장기를 보냅니다.

단순히 동네 아이들의 돌팔매질을 피하기 위해 무조건 앞만 보고

달리기 시작한 포레스트의 뜀박질은 인생에 결정적인 사건들을 제공합니다. 비록 다리는 불편하지만 집중력이 뛰어나고 달리기 실력이 월등했던 포레스트 검프는 그 덕분에 미식축구 선수로 대학에 들어가고 졸업 후에는 국가 대표가 됩니다(이때 컴퓨터 그래픽 기술로 재현된 케네디 대통령®과의 악수 장면, 중국 선수와의 탁구 시합 장면, 존 레넌과 함께한 토크쇼 장면 등은 마치 포레스트 검프를 역사 속에 실존했던 인물로 착각하게 만듭니다.).

베트남전쟁®에 자원입대한 포레스트는 친구 버바와 댄 중위를 만납니다. 포탄을 피해 가는 달리기 실력은 전쟁터에서도 유감없이 발휘되고, 베트콩에게 급습을 당한 많은 부대원들을 구해 내 전쟁 영웅이 됩니다. 그 공으로 훈장을 받고 계속되는 행운과 노력으로 국가 대표 탁구 선수, 광고 모델, 새우잡이 사업가, 애플사 주주가 되는 등 포레스트 검프는 늘 화제의 인물로 떠오르고 얼떨결에 미국 역사의 한가운데 놓인 유명 인사가 됩니다. 영화는 바보 포레스트의 기적과도 같은 개인사를 전면에 내세우며 인종차별, 베트남전쟁 개입 같은 미국의 일그러진 현대사를 은근슬쩍 내비치기도 합니다.

'바보가 바라본 미국 역사'를 부각시켜 일그러진 현대사를 희석

시키는 측면이 있어 비판의 여지도 많지만, 모자란 포레스트가 이룬 성취와 소박한 행복에 주목해 본다면 마음 한편이 환해지는 영화입니다. 저능아, 결손가정의 아이라는 콤플렉스를 극복하고 끝까지 순수한 마음으로 사랑과 우정, 신뢰를 지켰던 포레스트 검프는 요즘같이 각박한 시대에 시사하는 바가 큽니다. "인생은 초콜릿 상자 속 초콜릿과 같은 것, 어느 것을 집을지는 아무도 모른다."는 어머니의 말씀, 또 영화의 시작과 끝에서 바람 따라 인연 따라 흩날리는 깃털 하나가 유난히도 마음에 와 닿는 영화입니다.

1. 존 F. 케네디 John Fitzgerald Kennedy, 1917~1963

미국의 제35대 대통령인 케네디는 제2차 세계대전에 해군으로 참가해 큰 공을 세운 전쟁 영웅이었습니다. 1946년 매사추세츠 주 하원 의원에 당선되어 정계에 입문했고, 이어 1952년에 상원 의원으로 선출되었습니다. 하버드 대학(정치학 전공)을 졸업할 당시 학위논문으로 제출한『영국은 왜 잠자고 있었는가?』가 베스트셀러가 되었고, 1957년엔『용기 있는 사람들』이란 책으로 퓰리처상을 수상했습니다.

1961년 민주당 대통령 후보로 나와 TV 토론에서 해박한 지식과 재치, 유머 감각으로 닉슨을 제치고 최연소 대통령이 되었습니다. 1963년엔 미국, 영국, 소련 삼국 간의 부분적인 핵실험 금지 조약을 체결, 미·소 간 해빙 무드를 조성하기도 했습니다. 그해 11월, 텍사스 주 댈러스 시에서 자동차 퍼레이드 중 오즈월드의 흉탄을 맞고 사망하였는데, 현재까지도 그의 죽음은 미스터리로 남아 있습니다.

2. 베트남전쟁

프랑스의 식민지였던 베트남은 제2차 세계대전 때 일본에 의해 점령되었다가 일본이 패망하면서 다시 프랑스의 통치를 받았습니다. 이후 베트남 내 민족주의자들과 공산주의자들의 투쟁으로 1954년, 제네바협정에 의해 독립을 이루었습니다. 독립의 주축 세력이었던 북베트남(일명 베트콩)과 남베트남의 갈등이 전쟁으로 이어졌고, 당시 경찰국가임을 자처하던 미국은 베트남이 공산화되면 동남

아시아 전역이 공산화될 것을 우려해 전쟁에 개입하게 되었습니다.

1961년 케네디 재임 당시 처음으로 정규군을 파견했으며, 이어 1964년 존슨 정부가 통킹 만 사건(미국 구축함을 북베트남이 어뢰정으로 공격했던 사건)을 계기로 본격적으로 전투에 참여했습니다. 그러나 우수한 무기와 막대한 병력에도 불구하고 전쟁은 미국의 패배로 끝났습니다. 1973년 1월 27일, 베트남에서의 전쟁 종결과 평화 회복에 관한 '파리협정'이 체결됨으로써 미군은 철수하고, 1975년 4월 말, 북베트남과 이들의 지원을 받는 베트남 남부 임시 혁명정부가 사이공을 점령함으로써 통일을 이루었습니다.

1. 포레스트 검프는 모자란 지능과 보정 기구 없이는 제대로 걷지도 못하는 다리 때문에 친구들에게 놀림을 당합니다. 친구들에게 따돌림을 당할 때 포레스트 검프의 마음이 어땠을지, 여러분의 심정은 어떠했는지 함께 이야기 나누어 보세요.

2. 영화 초반부에 포레스트 검프가 자신의 이름은 KKK단의 유명한 장군의 이름을 딴 것이라고 말하는 대목이 나옵니다. KKK단이란 어떤 단체인지 알아보세요.

      🖊 길잡이 1865년 미국 남북전쟁 직후, 일부 백인들은 자신들이 노예로 부리던 흑인들의 해방을 받아들일 수 없었습니다. 전쟁에 패한 남부의 일부 병사들은 모여서 흑인들을 협박하고 범죄를 저지르기 시작했는데, 그것이 'KKK(Ku Klux Klan)'라는 단체로 구체화되었습니다. KKK는 원래 그리스어 'kyklos(원, circle)'와 영어 'clan(집단)'을 합성해 만든 단어입니다. 이 극단적인 백인 우월주의자들은 "지구 상에서 백인이 가장 우월하며 유색인종은 사라져야 할 존재들"이라고 주장합니다. 영화에서도 확인할 수 있듯 흰색 천으로 온몸을 감싼 것은 자신들이 백인임을 과시하기 위한 것으로 보입니다. KKK단이 가장 활발했던 시기는 1920년대 경제공

황기로, 약 사백만 명의 회원을 거느리고 흑인과 유대인뿐만 아니라 자신들에게 동의하지 않는 백인 소작농들에게까지 방화, 납치, 폭행, 살인 등의 만행을 저질렀습니다. 법의 단속으로 잠시 주춤했으나 킹 목사의 '버스 안 타기 투쟁'을 시작으로 1960년대에 흑인과 자유주의자들의 민권운동이 활발해지자 그에 대한 반동으로 미국 각지에서 산발적으로 등장하였습니다. 현재 미국 내 백인 우월주의 집단은 이백 개 이상으로 보고되고 있으며, KKK를 옹호하는 사이트 수 또한 백 개가 넘는다고 합니다. 인터넷의 익명성을 악용하여 비뚤어진 인종차별주의를 내세우는 그들은, 탄생 배경에서도 알 수 있듯 자신이 사회에서 낙오된 것에 대한 책임을 누군가에게 떠넘겨 화풀이하려는 반시대적이고 비인륜적인 테러 단체라 할 수 있습니다.

사이먼 버치

원제 Simon Birch
감독 마크 스티븐 존슨(1998년, 미국)
등장인물 이언 마이클 스미스(사이먼), 조지프 마젤로(조), 짐 캐리(어른이 된 조), 애슐리 저드(레베카)
배경 20세기, 미국
상영 시간 114분(전체 관람가)

마음의 키를 훌쩍 키우는 영화

단풍잎이 곱게 물든 가을, 교회 묘지 안에 서 있는 한 중년 남자
가 "사이먼 버치 1952~1964"라고 쓰인 묘비 앞에서 어린 시절의 특
별했던 한 친구를 회상하면서 영화는 시작됩니다.

마을 역사상 가장 작은 신생아인 데다가 심장까지 함량 미달로
태어난 사이먼은 곧 죽을 거라는 의사의 진단을 뒤엎고 열두 해를
버텨 냅니다. 그러나 초등학교 6학년이 되어서도 1미터도 안 되는
작은 키 때문에 난쟁이*라는 놀림이 언제나 사이먼을 따라다닙니
다. 부모조차 돌보지 않는 사이먼의 유일한 친구는 미혼모의 자식
인 조와 그의 엄마 레베카뿐. 둘도 없는 친구 사이인 사이먼과 조는

달리기 시합도 하고 강물에서 헤엄을 치며 즐거운 나날을 보냅니다. 특히 사이먼은 물속에서 숨 오래 참기와 야구 카드 모으기를 좋아하고, 그렇게 모은 카드를 무척 소중히 여깁니다.

사이먼은 하느님이 자신을 작게 창조하신 것에는 분명 깊은 뜻이 있다고 믿으며 하느님의 도구로 쓰일 영웅이 될 거라고 큰소리칩니다. 특유의 고집과 믿음으로 목사님과도 자주 부딪치지만 조와 조의 어머니 레베카는 언제나 그의 편이 되어 줍니다. 그러던 어느 날, 다른 학교와 야구 시합을 하던 도중 사이먼이 친 공에 맞아 레베카가 즉사하는 어처구니없는 일이 벌어집니다. 사이먼은 조에게 자기가 세상에서 제일 좋아하는 야구 카드를 주며 미안함을 표시합니다. 이후 그들은 사고에 대해 한마디도 하지 않습니다. 대신 서로의 운명을 위해 한 가지 중요한 약속을 합니다. 사이먼은 뭔가 놀라운

일을 해내 사람들의 편견을 바꿔 놓는 것이고, 조는 어머니가 숨겨온 자신의 아버지를 알아내는 것입니다.

그해 크리스마스 주일학교 행사 때, 사이먼은 엉뚱한 일을 저질러 어른들을 기절하게 만들고 교회에서조차 따돌림을 당하게 됩니다. 병아리 반 겨울 캠프 때도 목사님은 사이먼이 아예 따라오지 못하게 합니다. 우여곡절 끝에 교회에서 여는 캠프에 동참하는 사이먼. 그러나 돌아오는 길에 아이들을 태운 차가 강물에 처박히는 사고를 당합니다. 사이먼은 물속으로 점점 가라앉는 버스 안에서 울부짖는 아이들을 달래 가며 작은 몸집과 잠수 실력으로 마지막 한 명의 아이까지 구조해 냅니다. 그러나 정작 자신은 미처 빠져나오지 못하고, 벤 아저씨(레베카의 남자 친구)와 조에게 구출됩니다.

사이먼은 조에게 말합니다. "넌 나의 가장 좋은 친구야. 난 이번에 아주 오랫동안 물속에서 잠수하고 있었어. 이백 초씩이나 말이야." 슬퍼하는 조를 남겨 두고 사이먼은 이제야 자신의 존재 이유를 알았다는 듯 평화로운 미소를 머금은 채 눈을 감습니다. 이 사건을 계기로 조는 벤 아저씨를 믿고 그의 양자가 됩니다.

화면은 다시 사이먼의 무덤 앞을 비춥니다. 어렸을 때 벤 아저씨에게서 받은 아르마딜로˚가 수호신처럼 놓여 있는 무덤 앞에서 어른이 된 조는 "사이먼은 나에게 진짜 아버지(벤)를 찾아 주었다."고 회상하며 사이먼이라 이름 붙인 자신의 아들과 함께 차에 올라 묘지를 나옵니다.

1. 왜소증

나이와 성별이 같은 백 명의 아이들을 키 순서대로 세웠을 때, 맨 앞줄의 세 명이 왜소증에 해당된다고 합니다. 키는 유전인자 및 환경인자 등 여러 가지 요인이 복합적으로 작용해 결정됩니다. 즉, 성장의 정도를 일차적으로 결정하는 것은 유전인자이지만, 추가 성장은 환경인자에 의해 결정되는 것입니다. 따라서 왜소증의 원인도 골격계의 내인적인 결함으로 발생하는 1차적 성장 장애와 외부의 환경인자에 의해 발생하는 2차적 성장 장애로 분류할 수 있습니다. 전자는 태어나기 전부터 존재해 태어난 후에도 성장 장애가 지속되는 것이며, 후자는 주요 원인인 영양 결핍이 교정되면 회복이 가능하다고 합니다. 하지만 정신, 감성, 지능은 일반인과 큰 차이가 없습니다.

2. 아르마딜로

포유류 빈치목(貧齒目)에 속하는 동물입니다. 빈치목에 속하지만 이빨이 없는 것은 아니고 백 개나 되는 이빨을 가진 것도 있습니다. 몸은 돗자리를 뒤집어쓴 것처럼 단단한 등딱지로 덮여 있으며 사지가 짧습니다. 대부분 야행성으로 곤충, 작은 동물, 나무뿌리 등을 먹고 삽니다. 흙을 잘 파고 수영을 잘하며 겁이 많습니다. 수명은 대략 십이~십오 년 정도입니다. 북아메리카 남부 지방으로부터 남아메리카의 아르헨티나에 이르는 초원, 반사막 지대에 분포합니다.

1. 벤 아저씨가 선물한 아르마딜로를 보고 조와 사이먼은 처음엔 비명을 지르지만 시간이 지나면서 친숙해집니다. 낯선 대상에 대해 가졌던 첫인상이 나중에 변했던 경험이 있는지 함께 이야기 나누어 보세요.

✏️ 길잡이　인간은 원시시대부터 힘센 동물, 낯선 침입자에 대해 경계 본능 같은 것이 있지 않았을까 생각해요. 영화 〈E.T.〉를 보면 지구 소년 엘리엇과 우주 미아 이티가 처음 대면하는 순간에도 '꺄악' 비명을 지르는 장면이 나옵니다. 이티나 엘리엇 모두 상대방의 모습에 서로 익숙하지 않으니 낯설고 놀라기는 마찬가지였겠죠! 박제된 아르마딜로를 보면서 조와 사이먼은 물론 영화를 보는 관객 또한 대부분 징그럽다고 느꼈을 것입니다. 하지만 사이먼 버처는 조에게 "자꾸 보니까 별로 안 징그럽다."라는 의미심장한 말을 건넵니다. 사이먼의 무덤에서 마지막으로 클로즈업되는 소품은 바로 아르마딜로! 감독이 아르마딜로를 중요한 모티프로 쓴 것은 기형적인 모습을 하고 있으면서도 귀여운 사이먼의 모습과 아르마딜로를 동일시한 것으로 보입니다.

2. 난쟁이가 등장하는 옛날이야기나 동화는 어떤 것이 있는지 알아보세요.
그리고 이야기 속에 그들의 모습이 어떻게 그려지는지, 또 현실에서는 어떠
한지 함께 이야기 나누어 보세요.

✎ 길잡이 옛날이야기나 동화 속에서는 종종 장애인이 범상
치 않은 인물로 등장합니다. 영화 〈반지의 제왕〉만 보더라도 '절대반지'를
발견한 자와 이를 없애는 소명을 받은 자 모두 난쟁이 호빗족이었죠. 또 그
림형제의 동화 『백설 공주』에서 백설 공주를 도와주는 일곱 난쟁이들은
얼마나 명랑하고 낙천적인 인물들이었나요? 그 밖에 『룸펠슈틸츠헨』이나
안데르센의 동화 『엄지 공주』 이야기만 보더라도 난쟁이는 보통 사람보다
더 특별한 재주를 지닌 요정 같은 존재로 그려지고 있습니다. 그러나 현실
에선 불행히도 그렇지 못합니다. 단지 평균 키보다 좀 작은 것뿐인데 말입
니다. 한때는 왼손잡이라고 따돌림받던 사람들도 있었으니……. 왜 우리
는 나와 다른 것들에 쉽게 등을 돌리고 흉보고 따돌리게 되는 것일까요? '다
름'과 '차이'를 인정하지 않고 표준이라 이름 붙인 것에 목숨 거는 사람, 그
러면서 소수를 소외시키고 흉보는 사람들이야말로 내적으로는 더 자신감
없고 마음의 키가 작은 정신적 장애인이 아닐까요?

3. 사이먼이 물속에서 숨 오래 참기 내기를 좋아하는 이유가 무엇인지 이야기해 보세요.

🖉 길잡이 2001년 1월, 동경에서 일본인 취객의 목숨을 구하기 위해 철로로 뛰어든 고(故) 이수현 학생의 모습이 다시 한번 겹치는 영화였어요. 이수현 학생의 기사를 찾아보며 새롭게 알게 된 것은, 자신도 몇 달 전에 일본에서 교통사고를 당했으나 보상 한 푼 받지 못하고 정신적으로나 육체적으로 후유증이 가시지 않은 상태였다는 것이죠. 그런 상황에서도 몸을 던져 일본인을 구했으니 살신성인(殺身成仁)이라는 말이 언론의 과장된 표현은 아닌 듯합니다. 남을 위한 '이타적 유전자'는 태어날 때부터 갖고 태어난 것인지, 아니면 근육처럼 쓰면 쓸수록 강화되는 것인지에 대한 의문도 들고……. 다시 영화로 돌아와서, 체중 미달 특히 심장이 함량 미달로 태어나 며칠 못 살 것이라는 선고를 받은 사이먼이 개울가에서나 수영장에서 왜 그리 잠수하는 걸 좋아하는지, 아이들을 구하고 나서 마지막 순간에 "난 이번에 이백 초나 물속에 있었어!" "사이먼, 그래 너 잘났다!" 하는 대화가 왜 사이먼과 조 사이에 오고 가는지 이해할 수 있을 것 같기도 합니다. 언뜻 모순된 것 같지만, 자신의 신체적 콤플렉스(약한 심장)를 이겨 내기 위해 잠수 기록 세우기를 즐겼던 그 행동이 마침내 심폐기능을 단련시키고 한 아이도 빠짐없이 구조하게 한 건 아니었을까요? 콤플

랙스를 극복하기 위해 사이먼 버치처럼 정면 돌파를 하거나 영화 〈나의 왼
발〉의 주인공 크리스티 브라운처럼 다른 쪽으로 승화시키는 것, 모두 자신
의 타고난 모습을 있는 그대로 인정하는 낙천성. 혹은 용기가 있고 난 다
음에야 가능한 일이라고 봅니다. 이런 일들을 가능하게 하는 것은 무엇보
다 자신에 대한 믿음이겠고. 또 이런 믿음이 엇나가지 않고 온전히 자라도
록 해 주는 주위의 믿음, 누군가 묵묵히 지켜봐 주는 햇살 같은 마음이 아
닐까 합니다.

나의 장미빛 인생

원제 Ma Vie en Rose
감독 알랭 베를리네(1997년, 프랑스·영국·벨기에)
등장인물 조르주 뒤 프레센(루도빅), 미셸 라로크(엄마), 장필리프 에코페이(아빠)
배경 20세기, 벨기에
상영 시간 88분(전체 관람가)
수상 1998년 골든글로브 외국어 영화상

소녀가 되고 싶은 소년의 꿈

벨기에 브뤼셀의 한 마을에 일가족이 이사 오고, 이들을 환영하는 파티에 나가려고 준비하는 어른들의 부산한 모습이 차례로 비칩니다. 가족 소개로 시작되는 신고식. 빨간 립스틱을 칠하고 드레스 차림에 귀고리까지 하고 나온 루도빅을 동네 사람들은 여자애로 착각하고 예쁘다며 환호를 보내지만, 루도빅이 아들이라는 말에 분위기는 곧 썰렁해집니다.

아빠는 이런 아들에게 운동도 하고 머리도 짧게 깎으라 하지만 엄마는 "그런 건 자기 취향대로 해야죠!"라며 루도빅의 개성을 존중해 줍니다. 이렇듯 자신의 행동을 보고 당황하는 어른들을 보면서 루도빅은 자기가 왜 여자가 아닌지를 골똘히 생각해 봅니다. 자

신은 자신의 내면 그대로를 보여 주었을 뿐이고 사랑받고 싶다는 걸 표현했을 뿐인데 왜 주위 사람들은 화를 내는지⋯⋯. 비교적 자신을 잘 이해하고 대화 상대가 되어 주는 큰누나의 생물학 지식을 빌려 다음과 같은 결론을 내립니다.

"어느 화창한 봄날, 하느님은 두꺼운 책을 뒤적여 루도빅의 이름을 찾아낸다. 루도빅의 이름 옆에는 여자라고 씌어 있다. 하느님은 소매 깃에서 X, X, Y염색체*를 꺼내 어느 집의 굴뚝을 겨냥하여 던지는데, 하필이면 X염색체 하나가 굴뚝에 걸려 데굴데굴 구르다 그만 쓰레기통에 들어가 버린다. 그리하여 원래 XX(여자)였으나 하느님의 실수로 XY(남자)로 태어났다."는 것입니다. 인생의 의문이 풀렸다는 듯 루도빅은 미소 지으며 "맞아, 그건 하느님 실수였어!"라고 혼잣말을 합니다. X염색체만 찾
아내면 여자가 될 수 있고 그렇
게만 되면 제롬과 결혼할 수 있
다고 믿는 루도빅의 얼굴에는 희
망이 넘칩니다.

그러던 어느 날, 한동안 잠잠
하던 루도빅이 대형 사고를 칩니
다. 학예회 날에 백설 공주 역을
맡은 여자아이를 화장실에 가두
고 백설공주로 변장한 것입니다. 왕자 역을 맡은 제롬이 백설 공주
에게 키스하려고 다가서는 순간, 공주의 얼굴을 보고 깜짝 놀라 뒤
로 물러서는 바람에 면사포가 벗겨집니다. 객석에 흐르는 침묵. 안
그래도 루도빅과 그 가족을 못마땅하게 여기던 마을 사람들은 루
도빅을 노골적으로 '변태'라 욕하며 따가운 시선을 보냅니다. 학부
모들의 거센 항의로 퇴학을 당하고 루도빅의 아버지도 직장에서 쫓
겨나게 됩니다.

쫓기듯 클레몽이라는 변두리 마을로 이사를 간 루도빅은 자신과
는 반대로 소년이 되고 싶어 하는 소녀 크리스틴과 만나 또 한번 혼
란을 겪습니다. 웬일인지 이 동네에서는 여자애가 사내처럼 굴어도
신경 쓰지 않는 듯 보였기 때문입니다.

크리스틴의 생일날, 말괄량이 크리스틴이 루도빅과 옷을 바꿔 입
고 나타나 어른들의 시선을 끌자 루도빅의 엄마는 놀라며, 또 그런

짓을 할 거냐며 아이를 다그칩니다. 루도빅은 팜 인형이 그려진 도로변 광고탑으로 뛰쳐나가고, 엄마는 팜 인형에 안겨 울고 있는 아들의 환상을 봅니다. 그제야 엄마는 "네가 내 자식이라는 걸 한동안 잊었구나!"라고 말하며 루도빅을 꼭 끌어안습니다.

1. 염색체

사람의 특성을 결정하는 유전자가 모여 염색체를 형성합니다. 염색체의 수와 모양은 생물의 종에 따라 일정합니다. 인간의 염색체 수는 마흔여섯 개로, 성별을 결정하는 성염색체가 XX 조합일 때는 여성, XY 조합일 때는 남성입니다.

2. 성 역할

한 사회에서 인간의 행위나 태도에서 남녀별로 타당하다고 여겨지는 문화적 기대치를 말합니다. 이는 타고나는 것이 아니라 자라면서 사회화 과정에서 학습되는 문화적 소산입니다. '가사와 육아는 여자만 하는 일이다.' '여자는 남자에게 순종해야 한다.' '남자는 울면 안 된다.' 등 우리가 흔히 말하는 남자다움, 여자다움이 이제껏 학습해 온 산물입니다. 하지만 점차 성 역할의 경계가 조금씩 무너져 '양성평등'의 개념으로 변화하고 있습니다. 여성 중장비 기사나 남자 파출부, 그리고 남학생과 여학생 모두에게 가사와 기술 과목을 가르치는 것 등은 성 역할의 경계를 허문 좋은 예입니다.

함께 나눌 이야기

1. 만일 여러분 주변에 루도빅 같은 아이가 있다면 어떤 느낌이 들까요? 또 이런 친구들을 어떻게 대해야 할 것인지에 대해서도 솔직하게 이야기 나누어 보세요.

2. 영화 초반, 집들이 때 손수 차를 몰고 오던 할머니는 손주들이 "할머니"라고 부르자 '할머니' 대신 그냥 '엘리자벳'으로 불러 달라고 합니다. 이런 할머니의 태도는 어떤 의미가 담겨 있는 걸까요?

✎ 길잡이 영화 〈나의 장미빛 인생〉에서 루도빅의 인생을 장밋빛으로 도와주는 이들은 외할머니와 누나 그리고 담임 선생님 정도를 꼽을 수 있겠네요. 이 중에서도 할머니 엘리자벳의 모습은 자꾸 시선을 머물게 하더군요. 타인의 시선에 구애받지 않고 주체적으로 살아가는 사람만이, 다른 사람의 정체성 찾기에도 관심이 많을 수밖에 없다는 생각이 들어서일까요? 집들이 때 차를 몰고 오는 할머니에게 손주들이 "할머니!"라고 부르자 '할머니'(관계, 위계질서) 대신 그냥 '엘리자벳'(존재, 정체성)으로 불러 달라고 말하잖아요? 또 저녁 파티 땐 어땠나요? 젊은 부부끼리 블루스를 추느라 자신(노인)과 아이들이 소외되자 CD를 직접 골라 댄스음악을 틀고 무대 중앙으로 나가 멋들어지게 독무를 추고는 흥에 겨워 손자와 딸

을 불러내 멋진 춤을 이끕니다.

　제롬과의 결혼식 사건 이후 온 식구들이 예민해졌을 때에도 루도빅이 팜 인형의 여성스러운 춤을 흉내 내는 것을 보고 나무라기는커녕 함께 우스꽝스러운 동작을 따라 하고 춤을 추며 이야기를 나눕니다. 자신도 나이와 상관없이 뮤직박스에 있는 인형처럼 공주 드레스를 입고 외출하고 싶다고 말하며, 뜻대로 안 될 때는 눈을 감고 상상의 세계에서라도 꿈을 한번 펼쳐 보라고 조언하는 모습은 할머니의 열린 마음과 지혜로움을 단적으로 드러내 주는 장면입니다.

빌리 엘리어트

원제 Billy Elliot
감독 스티븐 돌드리(2000년, 영국)
등장인물 제이미 벨(빌리), 줄리 월터스(윌킨슨 부인), 게리 루이스(아버지)
배경 1984년, 영국 탄광 마을
상영 시간 110분(12세 이상 관람가)

탄광촌에서 피어난 노란 민들레꽃

"나는 열두 살 때 춤추고 있었습니다. 나는 태어날 때부터 춤췄습니다."라는 가사에 맞춰 한 소년이 폴짝폴짝 공중으로 솟구칩니다. 탄광촌의 미운 오리 새끼 빌리가 멋진 백조가 되는 이야기 〈빌리 엘리어트〉(나중에 빌리는 정말 백조로 변신해 춤을 춥니다.)는 꿈에 대한 도전을 말하려는 듯, 첫 장면을 슬로모션으로 처리한 점이 흥미롭습니다.

1980년대 영국의 북부 탄광 도시. 광부로 일하는 아버지와 형, 빌리 없이는 식사도 외출도 못 하는 치매 걸린 할머니, 그리고 할머니를 돌봐 드리는 열두 살 애어른 빌리가 이 영화의 주인공입니다.

아버지의 강요로 권투를 배우러 체육관을 찾은 빌리는 우연히 발레 수업을 구경하다가 점점 발레의 매력에 빠져들게 됩니다. 권투 글러브 대신 분홍 발레 슈즈를 착용하고 아버지 몰래 발레 수업을 받는 빌리…… . 무용 선생님인 윌킨슨 부인은 빌리의 열정과 소질을 발견하고 왕실발레학교 입학시험에 응시하기를 권합니다. 그러나 아버지

와 형의 단호한 반대로 빌리의 발레 수업은 중단됩니다. 힘든 노동과 파업 현장의 거친 시위에 찌든 그들에게 남자가 발레를 한다는 것은 수치스러운 일일 뿐입니다. 하지만 음악에 맞춰 절로 움직이는 빌리의 두 발까지 묶어 놓을 수는 없는 노릇이지요.

성탄절에 자신의 발레 솜씨를 친구 마이클에게 보여 주고 싶었던 빌리는 텅 빈 체육관에서 혼자만의 무대를 연출하고, 우연히 체육관을 찾은 아버지는 빌리의 춤을 목격하게 됩니다. 모든 것이 들통나는 순간, 당황하기보다는 확신에 찬 눈빛과 절도 있는 몸 동작으로 춤을 추는 빌리. 아들의 진지한 표정과 당당한 몸짓을 본 아버지는 아들이 진정으로 원하는 것이 무엇인지 깨닫고 열성적인 후원자로 변합니다. 죽은 아내의 유품을 전당포에 맡기면서까지 빌리

가 왕실발레학교에 들어갈 자금을 마련하고, 동료들의 계란 세례와 배신자란 손가락질을 감수하면서까지 다시 탄광으로 돌아갑니다.

빌리가 오디션에 합격하여 런던으로 떠나던 날, 아버지와 형은 또다시 고달픈 일터로 향합니다. 리프트를 타고 무표정한 얼굴로 지하 갱을 향해 내려가야 하는 가족의 현실. 빌리의 도약과 리프트의 하강은 절묘하게 대비됩니다. 발레 연습 장면과 노조와 경찰이 대치되는 장면의 교차. 언뜻 상반된 듯하지만 둘 다 치열한 투쟁임에는 틀림없습니다. 생존을 걸고 일 년 넘게 투쟁하는 광부들과, 어두운 가정환경 속에서 자신의 꿈을 위해 투쟁하는 빌리. 이처럼 영화는 빌리의 꿈과 현실, 밝은 면과 어두운 면을 교차시키며 감동의 무늬를 도드라지게 합니다.

씨줄과 날줄이 교직을 이루며 자아내는 감동의 접점은 빌리의 춤을 통해 선명하게 드러납니다. 선생님 앞에서 빌리가 세 번 반의 턴을 해내던 첫 장면과 화장실 거울 앞에서 비틀거리며 터닝 연습을 하는 장면(그야말로 인생의 터닝 포인트가 되는 순간), 아버지에게 꾸중을 듣고 콘크리트 계단을 오르내리고 벽을 치며 몸으로 울부짖

듯 추던 춤, 크리스마스 날 체육관에서 맞닥뜨린 아버지 앞에서 추던 격정적인 탭댄스. 이건 꿈과 현실로 대비되는 무용과 자신의 생활이 별개가 아니었음을 입증하는 게 아니었을까요? 때로 영화는 백 마디 대사보다 한 가지 동작으로 더 큰 감동과 파문을 일으킵니다. 런던으로 떠나던 날, 빌리를 끌어안았다가 문밖으로 밀치는 할머니, 기차 플랫폼에서 아들을 떠나보내는 아버지가 아들을 번쩍 들어 올려 터질 듯 끌어안는 모습은 보는 이의 가슴을 짠하게 만듭니다. 십여 년 후 런던의 한 공연장, 객석에는 프리모우오모*가 된 빌리가 어서 빨리 무대에 등장하기를 기다리는 아버지와 형 그리고 친구 마이클의 모습이 보입니다.

〈백조의 호수〉*에 맞춰 도약을 하는 빌리. 절정의 순간 빌리를 비추던 스포트라이트는 어린 시절 빌리의 방 꽃무늬 벽지와 겹쳐지면서 화면은 빌리가 폴짝폴짝 음악에 맞춰 춤추던 첫 장면으로 돌아옵니다.

1. 프리모우오모

'프리마돈나(Prima Donna)'란 말은 '첫 번째 여자(Primary Woman)'란 뜻으로, 발레나 오페라의 여자 주인공을 지칭하는데, 그에 비해 남자 주인공을 일컫는 '프리모우오모'란 말은 좀 낯설게 들립니다. 이 명칭이 생소한 까닭은 대부분의 오페라나 발레가 여자 주인공을 중심으로 펼쳐지기 때문입니다. 영화 〈빌리 엘리어트〉 외에도 국내에서도 공연되었던 발레 〈스파르타쿠스〉의 주인공 역을 맡은 남자 무용수를 '프리모우오모'라고 부른답니다.

2. 〈백조의 호수〉

러시아 작곡가 차이코프스키가 1876년에 작곡한 발레곡으로, 이듬해 모스크바 볼쇼이 극장에서 초연되었습니다. 그러나 처음부터 인기를 끌진 못했습니다. 차이코프스키 사후 1895년에야 비로소 페티파와 이바노프의 안무로 상트페테르부르크에서 재연되어 빛을 보았으니까요. 줄거리는 마법사에 의해 백조가 된 오데트에게 사랑을 느낀 지크프리트 왕자가 열렬한 애정으로 그 마법을 푼다는 내용입니다. 청순한 백조 오데트와 마법사의 딸인 흑조 오딜을 연기하는 것이 프리마발레리나의 첫 관문이라고 합니다.

1. 처음에는 무뚝뚝하고 권위적으로만 보이던 아버지가 발레를 하는 빌리를 이해하고, 고민 끝에 파업을 그만두고 일터로 나가다 계란 세례를 받는 장면은 언제 봐도 눈시울을 적십니다. 이처럼 자식들에게 더 나은 미래를 마련해 주려고 노력하시는 부모님의 모습에 대해서 다시 한번 생각해 봅시다.

2. 열심히 노력하기에 앞서 자신이 좋아하는 것, 적성에 맞는 것이 무엇인지를 아는 것이 더 중요한 일이 아닐까요? 내가 가장 좋아하는 일이 무엇인지, 장래 꿈은 무엇인지 함께 이야기 나누어 보세요.

3. 남자가 발레를 한다거나 여자가 축구를 하는 것은 우리나라나 영국이나 어색하게 보이기는 마찬가지인가 봅니다. 그 밖에도 부모님 세대가 만들어 놓은 고정관념들은 어떤 것들이 있는지, 그리고 그런 생각들은 정당한 것인지 이야기 나누어 보세요.

🖉 길잡이 머리 모양, 옷, 놀이, 취향, 직업 등 여자는 여자답게 남자는 남자답게라는 '답게' 논리에 길들여진 현재의 젊은 부모들 역시 은연중에 남자답게, 여자답게 논리를 재생산하고 있는 것을 보면 당혹스

러움을 느낄 때가 있습니다. 뿌리 깊은 이 고정관념은 어디에서 나온 걸까요? 틀, 제도, 상식, 교육이라는 것의 속성은 따지고 보면 귀족, 양반, 정치가, 자본가, 남성, 어른 등 기득권 계층이 자신의 위치를 공고히 유지하기 위해 약자에게 강요하는 것 아닐까요? 그런데 이런 사람들일수록 겉으로는 아이들에게 창의성을 길러야 한다고 모순된 주장을 하니…… 당장 눈앞의 이익을 챙기기 위해 편을 가르는 것보다 대승적 경지에서 마음의 장벽을 허물고 편견을 내던지는 것이 필요한 때입니다. 무엇보다 21세기 화두가 되고 있는 공존과 창의성이란 덕목은 틀과 벽을 넘어서서 다른 사람의 차이와 다름을 열린 마음으로 수용할 때만 얻을 수 있는 행복한 삶의 과정이자 결과 아닐까요?

우리들의 일그러진 영웅

감독 박종원(1992년, 대한민국)
원작자 이문열(1987년)
등장인물 고정일(한병태), 홍경인(엄석대), 최민식(6학년 담임), 신구(5학년 담임)
배경 60년대 4·19 전후, 80년대 후반, 대한민국
상영 시간 119분(전체관람가)
수상 1992년 청룡영화제 최우수 작품상·감독상, 1992년 몬트리올 국제영화제
최우수 제작자상, 1992년 하와이 국제영화제 그랑프리, 1993년 백상예술대상 대상·작품상·
감독상, 대종상 심사위원 특별상

어느 시대, 어느 곳에든 존재하는 영웅 혹은 반영웅

80년대 중반 서울의 빌딩 숲, 학원에서 영어를 가르치는 한병태가 고향 친구를 만나 초등학교 시절을 회상하는 것으로 영화는 시작됩니다. 5학년 때 담임이었던 최선생님의 부음을 듣고 문상을 가기 위해 탄 열차가 터널을 통과하는 순간, 영화는 타임머신을 타고 삼십 년 전 기차 안으로 이동합니다.

자유당 정권이 기승을 부리던 1959년 가을, 공무원인 아버지의 갑작스러운 전근으로 졸지에 서울의 명문 사립학교에서 볼품없는 시골 학교로 전학을 가게 된 한병태는 같은 학급의 급장이요, 독재자로 군림하고 있는 엄석대를 만나 도전을 받습니다.

나이, 체격, 담력, 주먹싸움은 물론 성적도 전교 1등이던 엄석대

는 무기력해 보이는 최선생님을 대신하여 학습, 채점, 체벌, 청소 검사 등을 하며 학급을 장악하고 있습니다. 점심시간이면 주번이 엄석대에게 물을 떠다 바쳐야 하는 건 기본이고, 과일, 계란을 정기적으로 상납하는 아이가 있는가 하면, 라이터, 돈을 뺏기는 일도 다반사에, 심지어 체벌을 받아도 내놓고 불평

하는 아이가 없습니다. 자신만만한 합리주의자를 자처하던 병태의 눈에는 이 모든 일들이 악몽으로 비칩니다. 5학년 2반에서 석대에게 반항하는 사람은 오로지 자신 한 사람뿐. 병태는 마음속으로 자신을 응원하는 영팔의 보이지 않는 격려로 석대에게 도전하기 시작하고, 엄석대를 꺾기 위해 가능한 모든 방법을 동원합니다. 하지만 병태에게 돌아온 건 집단 따돌림과 린치, 그리고 선생님에게조차 '고자질하기 좋아하는 아이'로 낙인 찍힌 것뿐! 결국 두 계절을 버티지 못하고 병태는 엄석대에게 무릎을 꿇고 이인자가 되는 것으로 저항을 끝냅니다.

4·19혁명*이 있던 1960년의 봄, 독재자의 종말은 김선생님이 부임해 오면서 시작됩니다. 반체제적 사고방식을 지닌 젊은 교사, 김선

생님은 이 년째 전교 1등 자리를 놓치지 않던 엄석대가 칠판에 적은 수학 문제를 풀지 못하고 쩔쩔매는 것을 이상히 여깁니다. 그러던 차에 1학기 첫 시험에서 평균 98점을 받은 엄석대의 성적이 각 과목의 우등생들의 점수라는 것을 눈치챕니다. 사회의 축소판처럼, 부정부패가 들끓는 어른들의 세계가 자신이 맡은 반 아이들에게서도 그대로 재현되는 것에 김선생님은 분노하고, 부정행위를 밝혀내는 과정에서 그동안 석대에게 꼬붕 노릇을 하며 숨죽이고 있던 아이들은 봇물 터지듯 석대를 욕합니다. 가장 큰 피해자였던 한병태만이 "모르겠습니다!"라고 대답할 뿐(이 대목에서 영팔은 고자질하는 아이들을 둘러보며 "너희가 더 나빠!"라고 울먹입니다.). 교실을 뛰쳐나간 엄석대는 며칠 뒤 학교에 불을 지르고 종적을 감춥니다.

영화는 어른이 된 한병태가 장례식장에서 밤늦도록 엄석대를 기다리지만 끝내 만나지 못하는 것으로 마무리됩니다. 역사는 되풀이되는 것일까요? 잘못을 바로잡는 과정에서 김선생님 역시 또 다른 종류의 독선과 폭력을 행사하던 장면, 그리고 젊은 시절 독재에 치를 떨며 개혁을 부르짖던 김선생님이었지만 결국은 말년에 정치에 입문, 국회의원이 되어 조문객들에게 '표'를 의식하며 상투적으로 인사를 하는 장면에서 확연히 드러납니다. 그렇다면 우리 시대의 영웅은 과연 누구일까요? 엄석대와 한병태와 김선생님은 각기 다른 의미에서 영웅일 수도 있을 것입니다. 시대가 만들어 낸, 아니 어느 시대에나 존재하는 우리들의 일그러진 영웅 말입니다.

1. 4·19혁명

1960년 3월 15일에 있었던 제4대 대통령 선거는 투표함 바꿔치기, 삼인조·구인조 공개투표 등의 억지 수법으로 대통령을 당선시킨 부정선거였습니다. 이에 분노한 학생들은 선거 무효를 주장하며 시위를 주도했습니다. 그해 4월 11일, 최루탄이 눈에 박힌 김주열 학생(당시 마산상고 재학 중)의 시체가 마산 앞바다에서 발견되자 시위는 시민운동으로 번져 전국으로 확산되었습니다. 마침내 이승만 대통령은 4월 26일 대통령직에서 물러나 하와이로 망명했고, 제4대 대통령으로 윤보선 씨가 당선되었습니다. 4·19혁명은 부패한 독재 정권에 정면으로 맞선 민중의 승리였고, 민주주의가 정착되는 계기가 되었습니다. 지금도 해마다 4월 18일과 19일에는 이날을 기려 대학생과 시민을 주축으로 한 4·19 기념 마라톤 대회가 열리고 있습니다.

1. 이문열의 소설 『우리들의 일그러진 영웅』의 결말은 엄석대가 몰락하는 권선징악으로 마무리되었으나 박종원 감독이 연출한 영화 〈우리들의 일그러진 영웅〉에서는 원작과 달리 엄석대가 성공했는지 몰락했는지 불분명하게 그리고 있습니다. 이처럼 원작과는 다른 결말을 이끌어 낸 감독의 의도는 무엇일까요?

　　🖉 길잡이　1992년 박종원 감독이 만든 〈우리들의 일그러진 영웅〉은 1987년에 출간된 이문열의 소설을 각색하여 만든 작품입니다. 소설을 영화화하는 경우, 상상력을 제한시키고 캐릭터를 잘 살려 내지 못했다는 혹평을 받기 십상이지만, 〈우리들의 일그러진 영웅〉은 원작의 주제 의식을 충분히 살려 내고 있으며, 원작보다 열린 결말과 심도 있는 연출로 평단에서 호평을 받았습니다. 소설에서는 엄석대가 암흑가의 보스로 몰락했다고 못 박아 놓은 데 비해 영화에서는 끝내 모습을 드러내지 않음으로써 여운을 남깁니다. 이것은 과거 정의의 사도를 자처하던 6학년 2반 담임 선생님의 현재를 국회의원으로 변질시켜 놓은 점과 함께 현 세태를 반영함으로써 극적인 리얼리티를 끄집어내는 감독의 의도적인 장치라고 할 수 있습니다.

2. 엄석대를 연기한 홍경인의 카리스마와 표정 연기도 칭찬할 만하지만 영화를 보면 볼수록 돋보이는 캐릭터는 바로 김영팔이라는 존재입니다. 한병태가 조작된 시험 성적과 집단 린치에 무릎을 꿇고 저항을 포기했을 때 보인 김영팔의 행동을 이해할 수 있었나요?

🖉 길잡이 성장기 소년이 자신이 가장 아끼던 물건을 친구에게 주는 행위가 그 친구를 인정하고 무언가를 공유하고 싶은 바람을 암시하는 것이라고 한다면 그 물건을 도로 빼앗는 것은 이제 더 이상 그 친구를 인정하지 않는다는 것을 의미하는 상징적인 행동입니다. 엄석대라는 일그러진 영웅에 대항하려던 한병태 역시 영웅이 되고 싶어 하는 또 한 명의 일그러진 영웅일 뿐입니다. 그러나 부정행위를 눈치챈 담임 선생님에게 매타작을 당한 뒤 한 사람씩 엄석대의 악행을 일러바치는 아이들을 향해 "너희들이 더 나빠!"라고 말하던 영팔의 모습은 소신 있게 자신의 생각을 말하고 행동하는, 진정한 영웅에 보다 더 가까운 모습이 아닐까요?

예술

명화의 외출

피카소

로빙화

나의 왼발

아마데우스

불멸의 연인

샤인

서편제

명화의 외출

원제 Vincent et Moi
감독 마이클 루보(1990년, 캐나다·프랑스)
등장인물 니나 페트론지오(조), 크리스토퍼 포레스트(펠릭스), 체키 카료(고흐)
배경 20세기, 캐나다·네덜란드
상영 시간 100분(전체 관람가)
수상 1991년 베를린 영화제 어린이 부문 대상

조의 우상은 빈센트 반 고흐,
그렇다면 나의 우상은?

〈명화의 외출〉은 1890년에 세상을 떠난 고흐*를 기리기 위해 1990년, 고흐 서거 백 주년 기념으로 제작된 작품입니다. 〈명화의 외출〉은 캐나다 소녀의 상상 속에 등장하는 고흐의 모습과 그림들을 볼 수 있고, 고흐가 말년에 머물렀던 프랑스 아를 지방 외에도 고흐의 조국이자 월드컵 영웅 히딩크의 조국이기도 한 네덜란드의 풍광을 볼 수 있는 영화입니다.

"저기 할머니가 보이시죠? 백십사 세 된 할머니, 우리 마을에서 가장 나이가 많은 분이세요. 어렸을 때 아버지가 운영하던 화방에 캔버스를 사러 오던 고흐를 직접 만나 보았다는 할머니세요!"라는

내레이션으로 시작되는 영화 〈명화의 외출〉은 이름 모를 병을 앓는 한 소녀가 삼촌이 선물한 고흐의 그림을 보고 소생했다는 믿기 어려운 설정으로 시작됩니다. 어쨌든 주인공인 조는 고흐의 그림 때문에 병이 나아 고흐를 자신의 우상으로 여기며 고흐와 비슷한 방식으로 그림을 그리기 시작합니다. 이 기적과도 같은 일은 마을에서 화제가 되고, 조는 대도시 예술 학교로부터 초청까지 받게 됩니다.

몬트리올로 향하는 기차에서 필릭스라는 또래의 소년을 만나게 되지만 조의 관심은 오로지 빈센트 반 고흐뿐, 말을 걸어오는 소년의 호의를 무시하고 고흐의 화집과 사진을 보며 고흐의 영혼과 대화합니다. 조는 외할머니 댁에 짐을 풀고 학교에 갑니다. 조를 초청한 학교는 미술뿐 아니라 음악, 무용, 연극을 가르치는 종합 예술 학교였는데, 조는 여기에서 자신이 직접 각본을 쓰고 연출과 주연을 맡은 연극반의 명물을 소개받습니다. 바로 기차 안에서 만났던 필릭스를 말입니다. 이어 미술 선생님과의 첫 대면에서 자신을 천재 대접해 주리라 잔뜩 기대했던 조는 선생님으로부터 자신의 그림이

기교는 훌륭하지만 상상력이 부족하고 고흐를 본뜬 것이라는 말을 듣고 실망합니다. 의기소침해진 조는 연극반 무대장치를 만들 때도 자신과 의견이 다른 선생님 때문에 학교에 정을 붙이지 못하고 거리의 화가로 나섭니다.

그러던 어느 날, 대로변에서 크로키 를 하던 조는 가셰 박사 를 닮은 윙클러 박사를 만나 근사한 식사를 대접받고 그의 부탁으로 그림을 그려 줍니다. 그런데 알고 보니 그 사람은 미술품 암거래상. 조는 자신의 거위 그림 스케치가 고흐가 아홉 살에 그린 것으로 위조되어 팔린 것을 잡지를 통해 알게 됩니다. 조는 사건의 전모를 밝히기 위해 네덜란드로 향하고, 필릭스와 조리스의 도움으로 마침내 진실을 밝혀냅니다.

네덜란드 현지에서 고흐의 영혼과 대화하고 고흐의 그림을 받는 장면이 인상적인 영화 〈명화의 외출〉. 과연 조가 빈센트 그림 속으로 들어가 백 년 전 고흐를 만난 것인지 백일몽을 꾼 것인지 보는 이를 헷갈리게 하지만 어쨌든 조는 자신의 그림도 찾고 동시에 새 친구도 사귀고 게다가 자신의 우상인 고흐까지 만나 행복한 표정으로 고향에 돌아옵니다. 그리고 칼마 부인을 찾아가, 고흐는 할머니가 알고 있는 것처럼 거칠고 무례한 사람이 아니라고 귓속말을 합니다. 칼마 부인, 혹은 영화를 보는 관객이 믿거나 말거나.

상식 세 컷

1. 빈센트 반 고흐 Vincent van Gogh, 1853~1890

네덜란드에서 목사의 아들로 태어난 고흐는 어린 시절부터 책 읽기와 그림 그리기를 좋아했지만 화가가 될 생각은 없었다고 합니다. 화랑 점원, 광부, 전도사 등 여러 직업에 종사하다가 동생 테오의 도움으로 이십칠 세 때부터 그림을 그리기 시작했습니다. 초기에는 〈감자 먹는 사람들〉 〈씨 뿌리는 사람〉 같은 하층민의 생활을 담은 어두운 그림을 주로 그렸습니다.

1886년에 동생이 있는 파리로 이주하면서 인상파 화가의 영향을 받아 자신만의 특별한 색채, 붓놀림을 구사하기 시작하여 후기 인상주의를 열었습니다. 거듭되는 정신질환으로 생레미 정신병원에 입원했지만 입원한 지 한 달 후에 다시 붓을 들고 그림을 그렸으며 삼십칠 세에 스스로 목숨을 끊을 때까지 사십여 점의 자화상과 〈해바라기〉 〈아를의 반 고흐의 방〉 〈별이 빛나는 밤〉 〈까마귀가 나는 밀밭〉 등 천여 점이 넘는 작품을 남겼습니다.

태양의 화가, 불꽃의 화가라 불리는 고흐는 강렬한 색채와 열정적인 붓놀림으로 표현주의를 열어 앙리 루소(영화 속 연극 무대배경으로 나오는 그림을 그린 화가) 같은 야수파 화가들에게도 큰 영향을 주었습니다.

2. 크로키

크로키란 회화 기법의 하나로 어떤 순간의 인상을 본 대로 느낀

대로 단시간에 그리는 것을 말합니다. 연필, 사인펜, 크레파스, 붓, 파스텔, 콩테 등이 쓰이는데, 세부 묘사에 사로잡히지 않고 사물의 가장 중요한 특징을 단순하게 요약하여 표현하기 때문에 그린 사람의 감성이나 감동이 솔직하게 표현되는 특징이 있습니다. 영화 속에서는 기차 안에서 조가 개구쟁이 남매를 스케치하는 장면이나 몬트리올에 도착해서 할머니 집에 갈 때 택시 운전사 아저씨를 그리는 장면, 또 카페에서 가셰 박사를 닮은 윙클러 박사를 그리는 장면 등에서 크로키를 볼 수 있습니다.

3. 가셰 박사 Paul Gachet, 1828~1909

〈가셰 박사의 초상〉이란 그림의 모델로 널리 알려진 가셰 박사는 동생 테오와 함께 고흐의 생애에서 빼놓을 수 없는 중요한 사람입니다. 고흐가 생을 마감하기 전 머물렀던 파리의 오베르라는 마을에서 고흐의 마지막 삶을 지켜보며 돌봐 주었던 정신과 의사였습니다. 자신의 환자였던 인상파 화가 피사로와 오베르로 이사 온 세잔을 통해 자연스럽게 인상주의에 관심을 가지게 된 가셰 박사는 1890년, 고흐가 오베르로 오면서부터 고흐의 작품 세계에 깊은 관심을 갖고 작품을 소장하기 시작했습니다. 1909년 사망할 당시 가셰 박사는 백여 점 이상의 인상주의 작품을 소장하고 있었다고 합니다.

1. 영화 속에 나오는 고흐의 작품들과 작품에 얽힌 일화들을 알아보고 자신이 좋아하는 그림은 어떤 작품인지, 그리고 그 이유는 무엇인지 이야기해 보세요.

✏️ 길잡이 영화 속에서 클로즈업되는 고흐의 그림으로는 〈자화상〉〈해바라기〉〈아를의 반 고흐의 방〉〈가셰 박사의 초상〉〈우편배달부 조제프 룰랭의 초상〉 등이 있습니다. 조가 병원에서 선물받은 꽃 그림(〈붓꽃〉〈해바라기〉)이나 기차 안에서 아버지로부터 받은 타블로이드판 고흐 화집에 나오는 수많은 그림들, 또 몬트리올 할머니 댁 천장과 벽면에 도배해 놓은 그림들도 고흐의 화집에서 뜯어낸 그림들입니다. 그중 〈해바라기〉는 고흐의 대표작으로 자신의 분신과도 같은 일종의 자화상이라 평가되고 있습니다. 〈아를의 반 고흐의 방〉은 아를 시절, 미술 공동체를 꿈꾸며 고갱과 함께 살던 때의 방을 그린 것으로, 건물 외벽도 노란색으로 칠해 노란 집으로 불렸다고 합니다. 한편 〈가셰 박사의 초상〉에 등장하는 가셰 박사는 고흐가 생레미 정신병원에서 나와 마지막으로 찾아간 오베르 정신병원의 의사였습니다.

2. 영화를 보기 전과 보고 난 뒤, 빈센트 반 고흐에 대한 생각과 느낌을 이야기해 보세요.

✎ 길잡이 테오가 쓴 고흐의 전기를 보면 고흐는 누구보다도 사랑받기를 원했던 수줍은 성격의 소유자였습니다. 이십 대엔 목사인 아버지의 뒤를 이어 가난한 사람들을 돕는 목회자가 되려고 탄광촌에서 전도사 생활을 했던 진지하고 열정이 많은 젊은이였습니다. 전도사 생활에 실패한 뒤 그림에 열정을 쏟아부었으나 동생 테오 외에는 아무도 그의 그림을 알아주지 않았습니다. 평생 가난과 질병, 외로움에 시달렸던 고흐 생전에 팔린 작품은 단 한 점, 죽기 네 달 전에 그린 〈붉은 포도밭〉이라는 제목의 그림으로 400프랑에 팔렸다고 합니다. 그러나 고흐는 지금 세계에서 가장 유명한 화가로 손꼽힙니다. 〈해바라기〉는 1987년 런던에서 2,500만 달러라는 경이적인 가격에 팔렸습니다.

3. 열세 살 소녀 조의 우상이 엘비스 프레슬리, 마돈나, 마이클 잭슨 같은 팝스타가 아니라 빈센트 반 고흐였다는 점이 특이합니다. 현재 자신의 우상(삶의 모델)은 누구인지 또 언제부터 어떤 계기로 그런 생각을 했는지 함께 이야기 나누어 보세요.

피카소

원제 Surviving Picasso
감독 제임스 아이보리(1996년, 미국)
등장인물 앤서니 홉킨스(피카소), 너태샤 매킬혼(프랑수아즈), 줄리앤 무어(도라)
배경 1941~1973년 전후, 프랑스·미국
상영 시간 125분(15세 이상 관람가)

사물의 존재 방식을 새롭게 발견한 큐비즘의 대가

20세기 천재 화가 하면 떠오르는 파블로 피카소.* 사물을 새롭게 해석하는 자유로운 삶과 예술 세계를 보여 주는 영화 〈피카소〉는 파리가 독일군의 점령지였던 1943년부터 시작됩니다. 젊은 여인의 독백과 회상으로 전개되는 이 영화는 주인공이며 화자인 프랑수아즈가 실제로 발간한 책의 내용에 기초한 것입니다. 'Surviving Picasso'(피카소에게서 살아남기 혹은 극복하기)라는 영화의 원제가 보여 주듯 예술에서나 사랑에서 독재자로 군림했던 피카소와 주변 여인들의 만남과 갈등에 초점을 맞췄습니다.

프랑수아즈가 피카소를 처음 만난 것은 파리의 한 카페, 그림

을 보여 주겠다는 제의에 그녀
는 친구와 함께 피카소의 작업
실을 방문합니다. 피카소가 연
출하는 연극의 연습 장면을 우
연히 보게 된 프랑수아즈는 무
엇보다도 주위를 의식하지 않고
자신을 환대해 주는 피카소의
솔직함, 어린아이 같은 성격에
호감을 느껴 사십 년이나 되는
나이 차이에도 불구하고 사랑에

빠집니다. 프랑수아즈는 부유한 집의 외동딸로서 대학에서 인문학
을 공부하며 화가를 꿈꿔 왔던 수재로, 집안의 반대를 무릅쓰고 피
카소와의 사랑을 위해 집을 뛰쳐나옵니다.

피카소와 프랑수아즈의 만남과 갈등, 이별의 과정 외에도 카메라
는 첫 번째 부인이며 러시아 출신의 무용수 올가, 열일곱 살에 피카
소를 만나 딸 마야를 낳은 순종적인 여인 마리 테레즈, 그리고 예민
한 성격의 인텔리 사진 작가 도라의 모습 등 일생을 피카소와의 사
랑이라는 굴레 속에서 헤어나지 못하고 피카소를 원망하며 살았던
여인들을 하나하나 훑어갑니다. 특히 마리 테레즈와 도라가 〈게르니
카〉* 그림 앞에서 울부짖으며 싸우는 모습이 인상적입니다.

올가, 마리 테레즈, 도라, 세 여인의 삶과는 대조적으로 프랑수아즈는 비교적 주체적인 삶을 산 것으로 그려집니다. 피카소와 함께 아이를 낳아 기르고 살며 화가로서 인정받았고, 피카소를 떠나서도 자신의 삶과 예술을 위해 노력하는 모습들을 담담하게 담아내고 있습니다. 젊은 날 자신의 삶을 선택하기 위해 집을 떠났듯이 피카소에게 종속되지 않고 홀로 서려는 프랑수아즈의 모습은 자신의 행복이 밖에서 오는 것이 아니라 오직 내면의 열정, 의지로 일궈 나가는 것이라는 진리를 다시 한번 일깨웁니다. 또 다른 여인, 자클린의 출현으로 인해 피카소와 연인으로서의 인연은 끝나지만 애증을 넘어 우정으로 승화시키기까지 관계의 성숙함을 보여 주는 마지막 장면, 투우장 식전 행사 장면은 매우 인상적입니다.

"피카소가 내게 준 모든 것에 경의를 표한다. 피카소와 함께했던 시간들, 우리의 아이들, 그와 함께했던 시간들 속에서 배웠던 많은 것들, 그리고 무엇보다 피카소는 나를 강하게 만든 사람이었다. 피카소와 십 년을 견뎌 낼 수 있을 만큼 강하게. 그런 그에게 감사한다."라고 술회하는 프랑수아즈의 마지막 내레이션은 영화의 원제, 'Surviving Picasso'와 관련하여 의미심장하게 들립니다.

피카소는 세상의 모든 존재하는 것들은 예술이 될 수 있다고 말한 장본인으로 쓰레기, 고철 덩이만으로도 멋진 예술 작품을 선보였습니다(이 부분은 영화 속에서도 여러 번 등장합니다.). 특히 사물의 존재 방식은 그저 우리 눈에 보이는 것을 넘어 훨씬 더 심층적이고 복잡하다는 것을 강조하며 큐비즘(입체파)을 확립했는데 이런 다원적 세계관은 큐비즘 회화뿐만 아니라 여러 종류의 오브제, 콜라주[*]에 보여지고 있습니다. 이처럼 피카소는 자신의 삶과 예술이라는 두 개의 화폭에 즉흥성, 다원성, 시점의 이동 등에 대한 끊임없는 실험을 펼쳐 보인 것이 아닐까 하는 생각이 듭니다. 구십이 세의 긴 생애 동안 부, 명예, 여성, 사랑 모든 걸 거머쥐었던 피카소. 그의 삼만여 점에 달하는 방대한 작품과 끊임없는 사랑 얘기는 수많은 책과 영화를 탄생시켰지요. 이 영화는 단면적이기는 하지만 피카소의 다양한 활동과 작업들을 이해하는 텍스트로 권할 만합니다.

상식 세 컷

1. 피카소 Pablo Picasso, 1881~1973

스페인의 남부 도시 말라가에서 태어나 십사 세에 미술 공부를 시작했습니다. 초기 그림은 하층민의 고달픈 생활과 고독을 테마로 한 작품들로 청색이 주조를 이루었습니다. 그래서 이 시기를 '청색시대'라고 부릅니다.

1904년, 프랑스 몽마르트르에 정착한 후부터는 색조가 청색에서 분홍빛으로 바뀌는 '장밋빛시대'를 열었습니다. 이어 브라크와 함께 입체파 운동에 가담했으며, 1907년에 발표한 〈아비뇽의 처녀들〉은 19세기의 사실주의적, 인상주의적 평면 회화를 해체시키고, 20세기 새로운 입체파 회화를 창시했다는 평가를 받았습니다.

제2차 세계대전이 발발하자 피카소는 레지스탕스 대원들과 교류하며 그림 외에도 시와 희곡을 썼고, 종전 후엔 프랑스 공산당에 입당하는 등 활발한 정치 활동을 했습니다. 말년에는 도자기와 조각, 석판화에도 손을 댔으며, 대표작으로 〈게르니카〉〈통곡하는 여인〉〈인형을 든 마야〉 외에 한국전쟁을 테마로 한 〈한반도에서의 학살〉 등이 있습니다.

2. 〈게르니카〉

〈게르니카〉는 스페인의 작은 마을 이름이지만 풍경화가 아닌 역사화라는 것에 그림을 이해하는 열쇠가 있습니다. 스페인 공화국 정부로부터 파리 국제박람회 스페인관 벽면에 장식할 작품을 의뢰받은 피카소는 1937년 4월 26일 자신의 고향인 스페인의 한 도시에서 일어난 사건을 소재로 택했습니다. 게르니카는 스페인 내전 당시 독일 나치 공군기로부터 32톤의 폭탄 세례를 받아 하루아침에 폐허가 된 도시입니다. 독일 공군기들은 피란을 떠나는 주민들까지 공격했다고 합니다. 당시 프랑스에 있던 피카소는 조국에서 벌어진 학살 행위를 전 세계에 고발하고자 이 개월 만에 〈게르니카〉를 완성하여 파리 국제박람회에 공개했습니다. 가로 7.8미터, 세로 3.5미터에 달하는 무채색 톤의 대형 벽화 〈게르니카〉는 학정에 대한 저항과 화해의 상징이 됐으며, 침묵하던 세계의 지식인들로 하여금 직접 스페인으로 달려가 총을 들게 했습니다.

3. 콜라주

콜라주란 물감 대신, 신문지, 우표, 벽지, 상표, 사진 등의 재료를 붙여 화면을 구성하는 방식으로, 이런 이질적인 재료들의 혼성 조합은 보는 사람들에게 부조리한 충동이나 아이러니한 연쇄반응을 일으킵니다. 이 기법 역시 세상 모든 것이 예술이 될 수 있다는 것, 질서(조화)는 결국 무질서(부조화, 혼동)에서 나온다는 피카소의 큐비즘적 세계관을 반영한 것으로 보입니다. 이처럼 다양한 요소들을 화면에 공존시킴으로써 새로운 미학적 효과를 창출하는 콜라주 기법은 1980년대 한국 근현대사 시리즈를 그린 신학철, 박불똥의 작품에서도 볼 수 있습니다.

1. 영화 속에 등장하는 피카소의 작품이나 주변 인물들을 기억나는 대로 이야기해 보세요.

길잡이 영화 시작과 동시에 나치 점령 시절 햇빛을 보지 못하고 지하 창고 같은 곳에 방치되어 있는 세잔, 브라크, 마티스의 작품이 비칩니다. 피카소 작품으로는 〈게르니카〉〈꽃 여인〉〈통곡하는 여인〉 등이 등장하고 이 밖에 폐품을 이용한 오브제 작품, 프랑스 발로리스에서 제작한 도자기 그림 등의 작업 과정이 보여집니다. 또 주변 인물들로는 도라, 마리 테레즈, 올가, 프랑수아즈, 자클린 등의 여인 외에도 그림 상인으로 유명한 칸바일러, 선의의 경쟁자인 동시에 우정을 간직했던 화가 마티스 등이 등장합니다.

2. 영화를 보면서 가장 인상 깊었던 장면이나 작품은 어떤 것이 있었나요? 그 이유도 함께 이야기해 보세요. 영화를 보기 전에 갖고 있던 피카소에 대한 생각과 영화를 보고 난 뒤의 느낌을 비교해 보세요.

로빙화

원제 魯冰花
감독 양립국(1989년, 대만)
등장인물 황곤현(아명), 이숙정(아매)
배경 20세기 후반, 대만의 작은 섬마을
상영 시간 100분(전체 관람가)
수상 1989년 베를린 영화제 특별상

잘 그린 그림이란 어떤 그림을 말하는 것일까?

화면 가득 펼쳐지는 차밭과 노란 로빙화, 그 위로 귀여운 여자아이의 목소리가 흘러나옵니다.

"여러분이 보시는 꽃이 바로 로빙화! 잠깐 피었다가 시들어 버리죠. 농부들이 차나무 밑에 두면 거름이 되어 차나무를 잘 자라게 하고, 죽어서도 향기로운 차를 마실 수 있게 해 주는 꽃이에요."

홀아버지 밑에서도 티 없이 맑게 자라는 아명은 그림 그리는 것을 무척 좋아하는 소년입니다. 아명의 소원은 강 건너 보이는 앞산의 풍경을 도화지에 여러 색깔로 담아 보는 것. 앞산은 아침이면 물안개가 피어올라 하얗게 빛나고 황혼 녘이면 노을에 물들어 주홍빛

으로 변합니다. 하지만 그저 바라만 볼 뿐, 아명은 종이와 크레파스를 살 돈이 없어 실제로 그리지는 못합니다.

그러던 어느 날, 새로 오신 미술 선생님이 단번에 아명에게 천재적인 소질이 있음을 알아보고 여러모로 용기를 북돋워 줍니다. 미술 시간, 아이들의 그림을 둘러보던 곽 선생님은 아명에게 다가와 묻습니다.

"왜 태양이 파란색이지?"

"그래야 아버지가 쓰러지지 않아요!"

며칠 전 차밭에서 일하던 아버지가 태양열 때문에 쓰러진 것이 맘에 걸렸던 아명은 태양을 빨간색 대신 푸른색으로 칠해 버린 것입니다.

틀에 박힌 그림이 아니라 마음속에서 우러나온 솔직한 표현과 상상력이 담긴 그림은 계속 이어집니다. 달을 먹는 개, 아버지의 차 농사를 망치는 괘씸한 차벌레들의 모습을 과장한 그림, 팔려 가는 돼지, 네 발을 묶어 놓고 멍멍이를 그리는 모습 등 주변의 사물과 느낌들을 천진난만하게 표현하는 아명의 모습은 절로 웃음을 안겨 줍니다. 꼴찌에다 말썽꾸러기지만 아명은 엄마를 대신해 헌신적으로 자신을 돌보는 누나 아매와 곽 선생님의 도움으로 그 천재성을 발휘합니다. 그러나 그것도 잠시, 전국 미술 대회에 출전할 학교 대표로 이장 아들인 임지홍이 뽑히자 아명은 "부잣집 애들은 뭐든지 다 잘하는 것 같아요."라고 말하며 학교를 뛰쳐나와 곽 선생님이 사 주신 크레파스를 강에다 집어 던집니다. 그러는 사이 아명에게 죽음의 그림자가 드리워지고 미처 꽃을 피워 보기도 전에 아명은 세상을 떠납니다.

한편, 이 일을 계기로 곽 선생님은 불합리한 학교 측 태도에 치를 떨며 아명의 그림을 챙겨 들고 마을을 떠납니다. 그 뒤 곽 선생님이 세계 미술 대회에 출품한 아명의 그림이 대상을 받게 되자 마을은 아명을 향한 찬사로 술렁이고, 아매는 울음을 삼키며 동생 대신 연단 위에 올라가 소감을 말합니다.

"동생이 그린 그림을 모두 이상하게 여겼지만 전 참 예뻤어요. 지금은 모두 동생을 천재라 하지만 상을 받기 전 곽 선생님만 인정해 주셨습니다. 동생은 앞산 풍경을 큰 도화지 위에 많은 색깔로 그려 세상 사람들에게 보여 주고 싶어 했는데, 이젠 동생의 그림을 볼 수 없게 되었습니다."

무덤 앞에서 흐느끼며 그림을 태우는 아버지와 아매, 뒤에서 이들을 지켜보는 마을 사람들과 곽 선생님, 마치 아명의 영혼인 듯 강가를 나는 하얀 새 한 마리, 그리고 물안개 위로 울려 퍼지는 노래의 여운……. 잔잔한 감동을 불러일으키는 한 폭의 수채화 같은 영화 〈로빙화〉. 아명의 엉뚱하고 개구진 행동과 누나 아매의 헌신적인 모습이 교차되면서 가슴이 뭉클해지는 영화 〈로빙화〉는 잘 그린 그림, 창의력*이란 무엇인지를 되묻는 영화입니다.

상식 한 컷

1. 창의력은 어디에서 오는가?

심리학자들은 창의적인 사람들의 공통적인 특성을 대체로 감정을 표현하는 데 개방적이고 무질서한 상태를 즐기며, 통찰력을 위주로 사물을 판단하는 측면이 있다고 이야기합니다. 또한 창의적인 사람은 매사에 주도적이며, 기존의 질서나 권위로부터 자유롭고 호기심이 강하고 모험적이며 관습을 무시하는 경향이 있다고 합니다. 저는 여기에 유희 정신, 유연성, 유머 감각 등을 덧붙이고 싶은데요, 역사적으로 볼 때 이런 성향이 강한 예술가로는 앞에서 살펴본 피카소나 모차르트 외에도 백남준, 찰리 채플린을 들 수 있습니다.

〈로빙화〉의 주인공 고아명은 위에서 열거한 창의적인 사람의 특징을 대부분 소유하고 있는 캐릭터입니다. 영화의 첫 부분, 안개가 피어오른 곽 선생님의 풍경화를 보고 아침 산의 모습이라고 지적하는 장면이라든가(통찰력), 또 역광을 받은 강아지의 몸을 붉은색으로 그린다든가(고정관념의 탈피), 학교에서 공놀이하다 걸려 꾸중을 들을 때도 뒤에서 발길질을 하며 악의 없이 혀를 내미는 장면(유머 감각) 등은 고아명의 타고난 장난기 혹은 낙천성을 엿볼 수 있는 대목입니다.

그리고 선생님이 크레파스를 사 주던 날, 소에게 진흙을 발라 가며 보디페인팅 놀이를 하고 '컬러 소'로 만들어 주겠다고 색칠을 하는 장면은 놀이를 좋아하는 사람에게서 창의력이 훨씬 더 많이 발견된다는 학설을 입증합니다. 마지막으로 어른들에게서 꾸중을 들거나 매를 맞고도 금세 잊고 노래를 흥얼거리며 "저 산처럼 아름다운 그림을 그려 전 세계 사람들에게 보여 줄 테야!"라고 누나에게 말하는 대목은 창의력의 원천이 '꿈꿀 수 있는 용기' 혹은 '열정'이라는 사실을 다시 한번 확인하게 합니다.

1. 아명과 아매는 그림 그리는 일 외에도 노래 부르는 것을 좋아했습니다. 영화의 처음과 끝에 나오는 〈로빙화〉라는 노래는 돌아가신 어머니에 대한 그리움을 달래 주는 곡이지요. 영화를 본 후 〈로빙화〉에는 어떤 전설이 담겨 있는지 정리해 보세요.

🖉 길잡이 영화 속에서 여러 차례 등장하는 〈로빙화〉라는 노래는 자식을 뒷바라지하는 어머니의 희생을 로빙화의 생태와 동일시한 것처럼 느껴집니다. 동생을 학교에 보내기 위해 대신 차밭에 나가 일을 하고 집안일을 도맡아 하면서도 불평 한마디 없이 동생에게 헌신하고, 심지어 동생의 발까지 씻겨 주는 누나 아매의 모습은 또 다른 로빙화를 보는 듯합니다.

난 알아요 별이 노래 부르는 걸/ 시골의 밤은 고요한 노래가 있죠/ 난 알아요 바람이 노래 부르는 걸/ 어린 시절을 되새기게 해 주죠/ 파란 바다는 내 마음을 비춰 주죠/ 세상은 변해도 바다는 변하지 않죠/ 지난 추억은 강물처럼 흘러갔지만/ 어린 추억은 아직 남아 있어요/ 별들은 말이 없고 인형은 엄마를 닮았는데/ 하늘의 눈은 반짝이고 엄마의 마음은 로빙화/ 차밭에 꽃이 피니 엄마는 즐거워하시네/ 엄마의 모습을 생각하니 눈물은 로빙화/ 눈물은 로빙화가 됐네

2. 고아명의 그림과 임지홍의 그림을 두고 선생님들 간에도 의견이 엇갈리는 모습을 볼 수 있습니다. 두 사람의 그림은 어떤 점에서 차이가 있는지 이야기 해 보세요. 또 잘 그린 그림이란 어떤 기준을 두고 말하는 것인지에 대해서도 함께 이야기 나누어 보세요.

🖊 길잡이 사실적 묘사가 강한 임지홍의 그림을 곽 선생님은 사진기의 존재를 빗대어 비판하지만 사실 똑같이 그리는 일이 쉬운 일은 아니지요. 솔거가 황룡사 벽에 그린 그림이라든가 혹은 겸재의 '진경 산수'를 자연주의에 입각한 그림이라 높이 평가하는 것을 생각해 본다면, 임지홍의 그림을 폄하하는 모습은 1960년대 대만의 전체주의에 치를 떨던 감독의 무의식이 영화 속에 반영된 것이 아닐까 합니다.

자연주의 화풍(임지홍)은 자연주의 화풍대로 인상주의, 표현주의 화풍(고아명)은 또 그 화풍대로 인정해 주어야 하는 것 아닐까요? 상상력이 부족한 그림이라 하여 일방적으로 잘못된 그림이라 매도하는 건 또 다른 흑백논리가 아닐까 싶네요.

나의 왼발

원제 My Left Foot: The Story of Christy Brown
감독 짐 셰리든(1989년, 아일랜드·영국)
등장인물 대니얼 데이루이스(크리스티 브라운), 브렌다 프리커(어머니), 레이 매캐널리(메리)
배경 20세기, 영국
상영 시간 103분(전체관람가)
수상 1990년 아카데미 남우 주연상, 여우 조연상

엄지발가락 사이에서 피어난 장미 한 송이

　뇌성마비*를 극복한 아일랜드의 작가이며 화가인 크리스티 브라운의 인생 역정을 그린 〈나의 왼발〉은 그가 직접 쓴 자서전을 영화화한 작품으로 많은 주목을 받았습니다. 목판화인 듯 투박하게 그려 놓은 발가락에 끼워진 장미꽃 한 송이를 담은 영화 포스터 또한 매우 인상적이었습니다. 역경을 딛고 자신의 꿈을 이룬 장애인의 인간 승리를 말할 때 자주 추천되는 영화이기도 하지만, 가족의 사랑, 무엇보다 어머니의 헌신적인 사랑이 한 인간을 변화시키는 데 얼마나 큰 힘을 주는지에 대해 생각하게 하는 영화입니다.

　1932년, 스물두 명의 형제자매 중에 열 번째로 태어난 크리스

티는 태어나면서부터 전신이 비틀리고 마비되어 왼발만을 겨우 움직일 수 있었습니다. 의사로부터 식물인간이 될 거라는 선고를 받지만 어머니를 비롯한 가족은 포기하지 않고 크리스티를 돌봅니다. 벽돌공이었던 아버지가 일자리를 잃은 뒤로 매일 죽을 먹고, 난로를 피우지 못한 추운 방에서 지내지만 어머니는 어려운 상황에서도 마음대로 움직이지 못하는 아들에게 휠체어를 사 주기 위해 다른 식구들 몰래 한 푼 두 푼 돈을 모읍니다.

영화의 첫 부분, 크리스티가 온 힘을 다해 왼발에 부러진 분필을 쥐고 부엌 바닥에 쓴 첫 단어가 바로 'M-O-T-H-E-R(어-머-니)'라는 것에서 모자간의 아주 특별한 사랑을 감지할 수 있습니다. 아들이 자랑스러워 번쩍 안아 어깨에 메고 술집으로 향하는 아버지는 상기된 얼굴로 "내 아들은 천재야!"라고 외칩니다. 이 영화가 다른 영화에 비해 새삼 돋보이는 것은 가족과 마을 사람 모두가 크리스티를 비정상적인 아이로 여기지 않고 자연스럽게 함께 어울린다는 점입니다. 함께 축구도 하고 장난도 치고 가장행렬도 즐기고……. 가난하지만 유머와 온정 속에 크리스티의 정신은 건강하게 자랍니다. 사춘기에 다가온 이성에 대한 설렘과 좌절감을 맛본 이후 크리스티는 끓어오르는 내면의 열정을 오직 그림 그리는 일에 집중시킵니다. 외부 세계와 소통할 수 있는 새로운 방법, 자신의 왼발로써 이야기 할 수 있는 새로운 방법을 발견해 낸 것입니다.

유일하게 신경이 살아 있던 왼발로 구족화°를 그려 내며 크리스티는 누구도 흉내 낼 수 없는 작품들을 창조합니다. 그러나 또 한 번의 사랑은 좌절되고 맙니다. 자신을 돌봐 주었던 뇌성마비 전문의 콜 박사의 결혼 발표로 인해 크리스티는 절망과 회의에 빠집니다. "인생의 의미가 없기에 막을 내려야 한다."며 술에 빠져 살던 크리스티는 손수 벽돌을 날라 작업실을 꾸며 주는 어머니의 헌신적인 노력으로 마침내 절망을 이겨 내고 또 다른 의지를 키웁니다. 그것은 다름 아닌 글쓰기. 가슴 아픈 실연의 고통 때문에 한때 자살까지 기

도했지만 그는 강인한 정신력으로 절망을 딛고 일어서서 자서전을 출간함으로써 작가로서도 성공합니다.

몇 년 후 뇌성마비 장애인 후원 모임에서 만난 간호사 메리와 마침내 사랑을 이루는 크리스티. "저는 다른 사람들과 마찬가지로 외로움을 많이 탑니다!" 라고 솔직하게 말하던 크리스티는 행복의 정상에 서 있는 양,

더블린 시내가 내려다보이는 언덕 위에서 메리와 함께 축배의 잔을 들며, 우리에게 '진정한 행복은 과연 무엇일까?' 소리 없는 질문을 던집니다.

1. 뇌성마비

뇌의 이상으로 생긴 모든 운동장애를 가리킵니다. 근육을 조절하는 능력이나 자세를 유지하는 기능에 장애가 나타나기도 하고, 감각, 지능, 정서 등 여러 가지 중추신경 기능의 이상을 수반하며, 지적장애, 감각장애, 언어장애 등이 동반될 수 있습니다. 근본적인 치료법은 없으나 조기에 발견하면 언어나 지능 발달에 따라 재활 교육을 함으로써 장애의 정도를 줄여 나갈 수 있다고 합니다.

2. 구족화 口足畵

선천적으로 또는 질병이나 사고로 양손과 양다리를 못 쓰게 된 사람들이 입이나 발을 사용해 그린 작품을 말합니다. 입에 붓을 물고 그림을 그리는 '구필화(口筆畵)'와 발가락으로 붓을 쥐고 그리는 '족필화(足筆畵)'가 있습니다.

1956년 독일 구족화가 에리히 스테그만에 의해 세계구족화가협회가 발족되었으며, 우리나라에도 많은 구족화가들이 구족화의 예술성을 알리기 위해 활발히 활동하고 있습니다.

1. 자신의 정체성을 인정받기 위해 왼쪽 발에 분필을 끼워 들고 안간힘을 다
해 'M-O-T-H-E-R(어-머-니)'라는 글자를 써 보이는 장면은 언제 봐도 인
상적입니다. 여러분들은 어떤 순간에 인정받고 싶은 욕구가 강하게 드나요?
주위 사람들에게 인정받기 위해 어떤 노력들을 기울였는지 함께 이야기 나
눠 보세요.

📝 길잡이 미국의 심리학자 매슬로는 인간의 욕구를 다섯 단
계로 나누었습니다. 그에 의하면 가장 저차원적인 욕구는 의식주에 대한
생리적 욕구로서 기본적인 만족에 대한 욕구이며, 다음 단계로는 안전의
욕구, 사회적 욕구, 존경의 욕구, 그리고 가장 고차원적인 욕구가 자아실현
의 욕구라는 것입니다. 영화에서 크리스티는 비록 뇌성마비 장애인이었지
만 자아실현을 위해 끊임없이 노력하고 소망하고 이를 이뤄 낸 인간 승리
의 장본인이라 할 수 있습니다.

2. 성공한 예술가 뒤에는 훌륭한 부모님이나 스승이 존재하고 있다는 진리를 증명이라도 하듯, 이 영화의 주인공은 화가 크리스티 브라운이라기보다 어머니가 아닌가 하는 착각이 듭니다. 영화 속의 어머니나 아버지를 보고 느낀 점에 대해 이야기 나눠 보세요.

🖊 길잡이 영화를 보면 장애인을 낳고 술집에서 낙담하는 아버지의 모습과는 대조적으로 아무 일도 아니라는 듯 조금은 무심한 표정으로 자식을 뒷바라지하는 강한 어머니의 모습을 발견하게 됩니다. "인간이 이해 못 하는 것을 하느님은 아신단다."라는 말로 자신과 아들을 위로하는 어머니의 모습은 얼마나 숭고한가요? 주위 사람들의 압력에도 아들을 포기하지 않는 모성에 관한 이야기는 영화 속에서 자주 등장하는 소재입니다. 하지만 영화가 아닌 현실로 돌아와, '온몸의 기능이 거의 마비되어 한평생 돌보아야 할지도 모를 아이를 낳는다면?' '더욱이 하루하루 죽으로 끼니를 연명해야 하는 현실이었다면?' 하는 상상만으로도 크리스티 브라운의 의지보다 어머니의 의지에 더욱 깊은 존경심을 느끼게 됩니다.

아마데우스

원제 Amadeus
감독 밀로시 포르만(1984년, 미국·프랑스)
원작자 피터 셰퍼(1926년)
등장인물 F. 머리 에이브러햄(살리에리), 톰 헐스(모차르트), 제프리 존스(황제 요제프 2세)
배경 18세기, 오스트리아 빈·잘츠부르크
상영 시간 160분(전체 관람가)
수상 1985년 아카데미 작품상·감독상·남우 주연상·각색상 등 8개 부문

살리에리의 눈을 통해 본 모차르트의 삶과 음악

1823년 눈보라치는 어느 날 밤, 한 노인이 창문을 열고 "모차르트°
여, 나를 용서해 다오. 고백하노니, 내가 너를 죽였다!"라는 말을 외
치며 자살을 하려다 정신병원에 수감됩니다. 몇 주 후 이 기괴한 노
인이 병실로 찾아온 신부에게 자신이 모차르트를 죽였다고 고백하
며 참회하는 내용이 바로 영화 〈아마데우스〉의 줄거리입니다.

살리에리°는 모차르트의 짧은 생애를 들려주는 단순한 내레이터
가 아니라 영화의 중심축에 서서 줄거리를 이끌어 가는 주인공입니
다. 자, 그럼 살리에리가 회상하는 모차르트의 음악과 삶, 그리고 살
리에리의 고뇌 속으로 함께 들어가 볼까요?

살리에리는 각고의 노력 끝에 황실의 궁정 악장의 위치에 올라가

황제의 개인 레슨까지 맡았던 인물로, 당대에는 모차르트보다 더 유명했습니다. 그가 잘츠부르크에서 올라온 모차르트와 처음 만난 것은 1781년, 어릴 때부터 신동 소리를 듣던 모차르트에 대해 궁금해하던 살리에리는 이십오 세의 청년 모차르트의 경망스러운 모습을 보고 실망을 금치 못합니다. 그 후 황제 앞에서 모욕을 당하고 남몰래 사랑하던 오페라 가수 카발리에리까지 모차르트에게 빼앗기자 살리에리의 마음은 분노로 가득 찹니다.

음탕하기 그지없고, 예의 없고, 무절제한 생활을 하는 모차르트. 그러나 '신의 악기'라고 스스로 표현할 정도로 놀라운 음악적 재능을 지닌 모차르트를 보며 "하느님은 왜 저런 음탕하고 방자한 녀석을 택하시고, 나에게는 아름다움의 화신을 알아볼 능력밖에 주지 않았느냐?"며 신을 원망합니다. 그리고 음악을 통해 신에게 봉사하

고자 했던 소명을 버리고 모차르트를 파멸시키겠다고 맹세합니다.

황제 요제프 2세를 알현하고 오페라 공연을 제의받는 자리에서 모차르트는 오페라는 이탈리아어로 만들어야 한다는 전통을 깨고 모국어인 독일어로 만들겠다는 의사를 피력합니다. 기존의 권위와 귀족들에게 충실했던 자신과 달리 형식과 규율에 얽매이지 않고 자유로운 발상으로 당시로서는 파격적인 내용의 〈후궁으로부터의 유괴〉를 무대에 올리는 모차르트의 모습에 살리에리의 선망과 질투는 더욱 깊어만 갑니다. 빈에 정착해 있는 동안 모차르트는 〈피가로의 결혼〉 〈돈 조반니〉 〈마술피리〉 등 귀족을 조롱하는 내용의 희가극들과 수많은 교향악, 협주곡 들을 만들어 냅니다.*

살리에리는 하인을 시켜 모차르트의 사생활을 엿보고 또한 가면의 사내를 시켜 레퀴엠(죽은 이를 위한 진혼곡) 삭곡을 의뢰합니다. 기액의 선금을 주고 빨리 끝내면 2배의 돈을 주겠다며 독촉에 독촉을 거듭, 과로로 쓰러지게 한 뒤 레퀴엠 악보를 훔쳐 그의 장례식에서 자신의 곡인 양 연주한다는 것, 이것이 신을 조롱하는 살리에리의 각본이었습니다. 부친이 세상을 떠난 뒤 더욱 방탕한 나날을 보내며 단지 돈 몇 푼을 위해 곡을 만들어야 하는 처지로 전락해 버린 모차르트는 아내마저 가출해 버린 텅 빈 집에서 죽음의 공포와 싸우며 레퀴엠 작곡을 하다 서른다섯의 나이로 요절합니다. 1791년 12월 겨울비 내리는 날, 천재 모차르트의 시신은 빈민 묘지에 묻힙니다.

상식 세 컷

1. 모차르트 Wolfgang Amadeus Mozart, 1756~1791

1756년, 오스트리아의 잘츠부르크에서 태어난 모차르트는 네 살 때부터 들은 음악을 바로 연주할 수 있었으며, 다섯 살에는 간단한 곡을 작곡할 정도였다고 합니다. 여덟 살에 교향곡을 작곡하고 열한 살에 오페라 가극을 작곡했다고 하니 신동이 아닌 괴동이라 불러야 좋을 듯. 어린 시절 아버지와 유럽 각지로 연주 여행을 다닌 것은 모차르트의 음악적 토양이 되었습니다. 1781년, 빈에 정착한 모차르트는 죽을 때까지 십여 년 동안 자신만의 풍부한 색채와 맑은 선율이 담긴 오페라, 교향곡, 협주곡, 실내악, 미사곡 들을 작곡하였습니다. 대표작으로는 〈후궁으로부터의 유괴〉〈코지 판 투테〉〈피가로의 결혼〉〈돈 조반니〉〈마술피리〉 등의 오페라와 〈주피터 교향곡〉〈클라리넷 협주곡 K. 622〉〈레퀴엠〉 등이 있습니다.

2. 살리에리 Antonio Salieri, 1750~1825

이탈리아 출신의 작곡가로 영화에서는 단지 모차르트를 질투하고 증오하는 시기심 많고 무능한 음악가로 묘사되지만 동시대를 대표했던 훌륭한 음악가였습니다. 1770년대에 부르크극장에서 〈여류 문인들〉이라는 그의 첫 오페라를 상연했고, 1774년에는 궁정 작곡가가 되었습니다. 1788년에는 궁정 악장이 되어 삼십육 년 동안 자리를 지키며 오페라 외에도 다수의 소품과 교회 음악을 남겼습니다. 모차르트 사후 모차르트의 사인과 관련하여 여러 억측을 불러

일으키기도 했지만 분명한 것은 베토벤과 슈베르트를 가르친 스승이었으며, 당대의 뛰어난 음악가들로부터 많은 존경을 받았다는 사실입니다.

3. 영화 속 모차르트의 음악

영화의 첫 장면, 빈의 어두컴컴한 골목을 배경으로 나오는 음악은 〈돈 조반니〉 서곡입니다. 정신병원에서 살리에리가 신부에게 자신의 곡을 쳐 보였으나 모른다고 하자, 신부가 아는 소품을 친 것이 바로 그 유명한 〈아이네 클라이네 나흐트 무지크〉입니다. 모차르트가 요제프 2세에게 오페라를 의뢰받고, 구상 중인 오페라를 설명한 뒤 나오는 음악이 바로 〈후궁으로부터의 유괴〉이고, 아내 콘스탄체가 친정으로 가 버린 후 고음으로 쏟아지는 장모의 꾸지람을 들으며 착안한 곡이 바로 〈마술피리〉 중 '밤의 여왕' 아리아입니다. 친구가 의뢰한 곡을 지휘하다 쓰러지는 장면에선 〈마술피리〉가 등장하고, 죽어 있는 모차르트를 발견한 콘스탄체의 절규 뒤에 배경으로 쓰이는 음악이 바로 〈레퀴엠〉입니다.

1. 영화에 나오는 모차르트의 오페라들을 찾아보고 그 내용을 알아보세요.

✏️ 길잡이 모차르트의 3대 걸작으로 알려져 있는 오페라는 모두 코믹 오페라로 〈피가로의 결혼〉 〈돈 조반니〉 〈마술피리〉입니다. 영화에서는 이 세 오페라 외에도 〈후궁으로부터의 유괴〉 등이 초반에 등장합니다.

〈후궁으로부터의 유괴〉: 터키를 무대로 한 청년이 술탄의 포로가 된 약혼녀를 구하기 위해 술탄의 궁정으로 들어가 우여곡절 끝에 약혼녀를 되찾아 온다는 내용입니다. 화려한 고음에서 초저음까지 다양한 목소리 기법을 구사하고 있습니다. 영화에서 보듯 모차르트는 이 곡이 초연된 뒤 콘스탄체 베버와 결혼했습니다.

〈피가로의 결혼〉: 원작이 프랑스의 부패하고 타락한 지배층을 조롱하는 내용이어서 프랑스는 물론 빈에서도 기피하는 작품이었습니다. 내용은 백작의 시종이 된 피가로와 하녀 스잔나의 결혼에 관한 것으로, 스잔나를 유혹하려는 백작과 피가로, 이 두 어리석은 남자들에 관한 우화입니다.

〈돈 조반니〉: 모차르트의 오페라 중에서 최고 걸작에 속하는 〈돈 조반니〉의 주인공은 14세기 혹은 그 전에 있었다는 전설적인 인물 돈 후안입니다. 돈 많은 호색가 돈 조반니가 여색을 밝히다 결국 지옥으로 끌려간다는 내용입니다.

〈마술피리〉: 모차르트가 사망한 1791년에 쓰인 작품입니다. 기원전 1000년경 이집트 왕 람세스 1세 때 이시스의 신전과 그 근방을 배경으로 하고 있습니다. 뱀에 쫓기던 왕자 타미노와 청순한 처녀 파미나가 많은 시련을 겪고 난 뒤 밤의 여왕의 도움으로 마침내 사랑의 승리를 얻게 된다는 내용입니다.

2. 이전에 알고 있던 모차르트의 모습과 영화 속 모차르트가 다른 점이 있다면 무엇인지 또 그 이유는 무엇인지에 대해서 이야기 나누어 보세요.

🖉 길잡이 이전에 알고 있던 모차르트의 모습과 영화 속 모차르트의 모습은 거리가 있습니다. 그것은 이 영화가 살리에리가 회상하는 모차르트의 모습이라는 데 열쇠가 있습니다. 영화에도 등장하지만 모차르트의 자필 원고는 수정한 부분 없이 깨끗이 씌어 있어서, 퇴고에 퇴고를 거듭해 사보가(악보를 베끼는 사람)도 알아볼 수 없을 만큼 누더기가 된 베토벤과 대조됩니다. 모차르트는 식사를 하면서도, 주위 사람과 농담을 하면서도, 웃고 떠들면서도 손은 신들린 듯 오선지에 악보를 그려 냈다고 하니 그 누구도 부정할 수 없는 천재인가 봅니다. 놀면서 일하고 일하면서 놀 수 있다니 그저 부러운 마음뿐. 그러나 모차르트가 시대를 앞서 간 음

악가로 평가받는 이유는 타고난 천재성뿐만 아니라 빈에 처음 오자마자 〈후궁으로부터의 유괴〉라는 형식상, 내용상 파격적인 작곡을 해내는 일면에서 찾을 수 있는 것 아닐까요? 귀족의 입맛에 맞는 관습적인 작곡을 따르지 않고 새로움, 변화를 추구하는 모습에서 자유로운 예술가의 면모를 엿볼 수 있습니다.

3. 모차르트는 살리에리의 계략에 의해 죽었을까요?

✏️ 길잡이 이 영화는 모차르트의 죽음을 모티프로 했습니다. 영화에서는 살리에리가 간접적으로 모차르트를 죽인 것으로 묘사됐지만 그것은 감독 밀로시 포르만이 피터 셰퍼의 브로드웨이 연극 대본에서 모티프를 따오면서 제기한 하나의 가설일 뿐입니다. 모차르트의 죽음에는 여러 가지 설이 있습니다. 하나는 모차르트와 동시대에 살았던 이탈리아인 살리에리에 의해 독살되었다는 설, 또 하나는 모차르트가 속해 있던 프리메이슨에 의해 독살되었다는 설, 그 밖에 프리메이슨과 살리에리가 결탁해서 암살했다는 설이 있습니다. 또 류머티즘성 열병, 어린 시절의 과도한 연주 여행 등이 원인이 되었다는 주장도……. 어쨌든 항상 천재의 사인에는 논란이 많듯 아직은 어떤 것도 확신할 수 없다고 합니다.

불멸의 연인

원제 Immortal Beloved
감독 버나드 로즈(1994년, 영국·미국)
음악 게오르그 솔티
등장인물 게리 올드먼(베토벤), 이사벨라 로셀리니(안나 마리),
발레리아 골리노(줄리아), 요한나 테르 스테이허(조안나), 제로엔 크래브(쉰들러)
배경 18세기, 오스트리아 빈
상영 시간 121분(15세 이상 관람가)

유서 속의 비밀을 추적하다 발견한
베토벤 음악의 비밀

따—다—다—단 하는 교향곡 제5번 〈운명〉이 천둥 번개 소리와 오버랩됩니다. 카메라는 1827년 오십칠 세의 나이로 사망한 베토벤*의 장례식을 지켜보기 위해 몰려든 군중들의 모습을 하나하나 비춥니다. 모차르트와는 대조적으로 빈 한복판에서 성대한 국장으로 치러진 장례식. 거기에서 베토벤의 오랜 친구인 안톤 쉰들러가 '한평생 음악만을 위해 살다 간 사람'이라는 헌사를 바칩니다. 생전에 친구이자 비서이기도 했던 쉰들러는 장례 후 베토벤의 유품을 정리하다가 의문의 편지 하나를 발견합니다. 악보와 함께 막대한 유산을 친동생이 아닌 '불멸의 연인'에게 남긴다는 것. 이 편지 한 장과 뒤늦게 발견된 숙박계 자필 서명으로 쉰들러는 사립 탐정처럼 의문의 여인

을 찾아 나섭니다.

불멸의 연인으로 짐작되는 이
는 세 명으로 좁혀지고 화면은
이 세 여인을 좇아가며 그들이
베토벤과 만났던 시절의 음악과
사연들을 들려줍니다.

쉰들러가 처음 찾아간 여인은
한때 베토벤의 제자였던 줄리아
로, 이미 갈렌버그 백작 부인이
되어 있습니다. 이십 년 전 줄리
아는 베토벤의 천부적인 열정에 압도당하여, 베토벤과 결혼하길 원
했으나 아버지의 반대에 부딪힙니다. 줄리아는 베토벤이 건재하다
는 것을 증명하기 위해서 아버지에게 베토벤의 피아노 연주를 엿듣
게 합니다. 어둠 속에서 피아노에 머리를 기대고 연주하는 〈월광〉 소
나타, 감격의 눈물을 흘리며 베토벤에게 다가오는 줄리아, 그러나
베토벤은 그녀가 자신을 시험하려 든 것에 자존심이 상한 나머지 그
녀를 다시는 만나 주지 않습니다.

두 번째로 찾아간 여인은 남들의 시선을 의식하지 않는 독립적인
성격의 소유자 안나 마리. 베토벤을 만날 당시부터 안나 마리는 남
편과 별거하고 빈에서 홀로 아이 셋을 키우며 살고 있었습니다. 줄
리아와 헤어진 뒤 더욱 심해진 청력 장애로 베토벤은 공식 석상에서
지휘조차 할 수 없는 상태였고, 좌절감에 휩싸여 안나 마리를 만납

니다. 천재 베토벤에 대한 안나의 존경과 사랑은 극진한 배려로 이어져, 베토벤은 일 년가량 그녀의 집에 머물면서 수많은 창작 활동을 합니다. 쉰들러를 만나게 된 것도 이즈음. 〈크로이처 소나타〉가 처음 연주되던 날, 베토벤은 쉰들러에게 다가와 "음악이란 작곡가의 정신 상태를 드러내는 것. 즉, 작곡가의 마음을 청중과 연결시켜 주는 것"이라고 말합니다. 한때 훌륭한 음악가가 되고 싶어 했던 쉰들러는 베토벤을 만난 뒤 한평생 베토벤의 친구이자 보조자로서 그의 여생을 위해 살기로 결심합니다. 조카와의 양육권 소송이 있을 때도 쉰들러는 베토벤의 손발이 되어 주었습니다. 쉰들러는 확신에 찬 느낌으로 안나에게 편지를 내밀지만, 그녀는 자신이 편지의 주인공이 아니라고 부정합니다.

마침내 쉰들러는 베토벤의 동생 캐스퍼의 미망인이자 베토벤의 옛 연인이었던 조안나를 찾아가 호텔 숙박계의 서명을 보여 주며 어떤 대답을 기대합니다. 처음엔 베토벤의 연인이었던 사실을 부인하던 조안나는, 카를스바트에서 함께 지냈던 여름을 회상하고는 진실을 인정합니다. 조안나는 캐스퍼가 자기에게 접근하는 동안 베토벤과 사랑에 빠져 호텔에서 만나 함께 사랑의 도피를 약속했습니다. 그러나 혹심한 폭우, 부서진 마차, 전해지지 않은 편지, 무엇보다 서로에 대한 오해와 상처 입은 자존심 등이 원인이 되어 베토벤과 그의 '불멸의 연인'은 비극적으로 결별하게 된 것입니다.

교향곡 제3번 〈영웅〉*과 제5번 〈운명〉, 제6번 〈전원〉 등 베토벤의 드라마틱한 음악이 전편을 통해 등장하고, 특히 마지막 장면에 울

려 퍼지는 제9번 〈합창〉 교향곡은 불우했던 어린 시절, 자유에 대한 열망과 오버랩되며 바람과 별과 구름과 하늘의 영상으로 겹칩니다. 주정뱅이 아버지로부터 받은 학대와 거듭되는 연애의 실패, 그리고 음악가에게는 죽음과도 같은 청력 상실에도 불구하고 진흙 속에서 연꽃이 피어나듯 혼신의 힘을 다해 연주하고 곡을 쓴 베토벤. 지상의 소리를 천상의 음악으로 승화시켰다고 평가받는 〈합창〉을 기립박수 속에서 초연한 베토벤은 얼마 뒤 눈을 감습니다.

쉰들러가 내미는 한 통의 편지, 오열하는 조안나의 모습을 뒤로하고 떠나는 쉰들러의 모습에 이어 베토벤의 묘비가 클로즈업되며 영화는 끝납니다.

1. 베토벤 Ludwig van Beethoven 1770~1827

독일 본에서 태어났습니다. 궁정 가수였던 아버지 요한 베토벤은 집안 살림을 잘 돌보지 않는 술고래로, 아들의 음악적 재능을 발견하고 모차르트와 같은 신동 소리를 듣게 하기 위해 가혹한 훈련과 매질을 했다고 전해집니다. 일곱 살에 쾰른에서 피아노 연주회를 가졌고, 열여섯 살 되던 해에는 빈 여행 중에 만난 모차르트 앞에서 즉흥 연주를 했습니다. 1792년, 빈으로 유학 온 베토벤은 하이든, 살리에리 등을 사사하여 연주자로서의 자질을 키워 나갔습니다. 하지만 스물여섯이 되던 해부터 귀에 이명이 들리기 시작했고, 삼십 세 이후 귓병이 악화되자 연주를 포기하고 작곡에만 전념했습니다. 청력을 완전히 상실한 뒤에도 〈장엄 미사곡〉과 교향곡 제9번 〈합창〉 등을 작곡하여 '음악의 성인'이란 칭호를 얻었습니다.

2. 교향곡 제3번 〈영웅〉

1804년에 완성되어 1805년 빈에서 초연된 〈영웅〉은 나폴레옹이 전 유럽에 용맹을 떨치고 있던 시기에 구상되었습니다. 그러나 나폴레옹이 공화정을 외면하고 스스로 황제가 되었다는 소식을 듣고 배신감을 느낀 베토벤은 나폴레옹과 자신의 이름이 쓰인 표지를 찢어 버렸다고 합니다. 그렇게 해서 나폴레옹에게 바치려던 이 곡은 그냥 〈영웅〉 교향곡으로 불리게 되었습니다.

함께 나눌 이야기

1. 자신의 음악을 포기하고 베토벤의 비서가 된 쉰들러의 입장을 이해할 수 있었나요? 내가 인정할 수 있는 친구, 라이벌에 대해 생각해 보고 서로에게 좋은 조력자가 되기 위하여 어떻게 행동하면 좋은지 함께 이야기 나눠 보세요.

🖉 길잡이   영화 〈아마데우스〉〈불멸의 연인〉은 각각 모차르트와 베토벤을 옆에서 지켜본 타자(살리에리와 안톤 쉰들러)의 회상으로 보여 주는 작곡가의 일생입니다. 그러나 두 영화의 화자는 무척 대조적입니다. 평생 모차르트를 시기하고 콤플렉스에 시달렸던 살리에리와는 정반대로 베토벤의 친구 쉰들러는 베토벤을 존경하며 베토벤을 위해 손과 발, 귀의 역할을 하며 조력자로서 최선을 다하는 것이 매우 인상적입니다. 요즘같이 서로 최고가 되려고 안달복달하는 세태에 남의 장점을 발견하고 인정하며 나아가 그를 위해 희생하는 것은 보기 드문 미덕입니다.

2. 영화 전편에 흐르는 베토벤의 음악들은 무엇이 있는지 알아보세요.

✏️ 길잡이 첫 장면, 베토벤의 운명을 앞두고 천둥소리와 함께 울리는 곡은 교향곡 제5번 〈운명〉입니다. 제7번 교향곡은 조카 카를이 자살할 때 배경음악으로 쓰였고, 맨 마지막에 연주되는 곡은 교향곡 제9번 〈합창〉입니다. 피아노소나타로는 줄리아가 빈에 처음 왔을 때 〈비창〉이 등장하며, 그녀가 집에서 혼자 피아노를 칠 때 흐르는 곡이 그 유명한 〈월광〉입니다. 조카 카를을 집에 데려와 피아노를 가르칠 때 연주하는 곡은 〈엘리제를 위하여〉, 조안나가 안타까운 마음으로 베토벤 묘지를 찾을 때 나온 곡은 피아노협주곡 제5번 〈황제〉입니다. 이 밖에도 베토벤의 주옥같은 곡들이 음악 감독 게오르그 솔티에 의해 편성, 지휘되었습니다.

샤인

원제 Shine
감독 스콧 힉스(1996년, 호주)
등장인물 제프리 러시(데이비드 헬프갓), 아르민 뮐러슈탈(아버지), 린 레드그레이브(길리언)
배경 20세기, 호주·영국
상영 시간 105분(12세 이상 관람가)
수상 1997년 아카데미 남우 주연상, 1997년 골든글로브 남우 주연상

장애를 딛고 일어선
피아니스트 데이비드 헬프갓의 생애

　영화가 시작되면 담배를 문 채 빗속을 뛰어가는 중년의 사내가 나옵니다. 후드득 떨어지는 장대비 소리는 박수 소리로 바뀌고 카메라는 시골 초등학교 강당으로 달음질칩니다. 삐그덕거리는 낡은 피아노를 끌어안으며 쇼팽*의 폴로네즈를 연주하는 아이와 이를 흐뭇하게 지켜보는 아버지의 모습. 〈샤인〉은 평생 아버지의 그늘 속에 살면서 성인이 되어서도 아이처럼 산 피아니스트, 데이비드 헬프갓*의 험난한 인생 역정을 소재로 한 영화입니다.

　데이비드 헬프갓은 어릴 때부터 아버지 피터 헬프갓에게 피아노와 삶을 배웁니다. 폴란드계 유대인인 아버지는 어린 시절, 자신의

아버지가 바이올린을 부숴 버린 이야기를 하며 그가 못 이룬 꿈을
아들 데이비드를 통해 보상받고 싶어 합니다. 데이비드는 타고난 재
능과 아버지의 훈련으로 열네 살에 전국 콩쿠르에 입상하여 사람들
의 주목을 받습니다. 유명한 바이올린 연주자 아이작 스턴은 데이
비드를 미국 최고의 음악 학교에 입학시키도록 권유하지만 아버지
는 아들이 가족의 품을 떠나는 일은 절대 있을 수 없다며 가로막습
니다. 그러나 기회는 다시 한번 데이비드를 찾아옵니다. 영국왕립학
교에서 초청장이 날아온 것. 데이비드도 이번만큼은 "집을 떠나면
평생 벌을 받을 것이다."라는 아버지의 압력에 굴하지 않고 유학길
에 오릅니다. 유학 중 눈뜨게 된 리스트와 라흐마니노프*의 음악 세
계 그리고 외팔이 팍스 교수의 열정적인 지도에 힘입어 데이비드는

밥 먹는 것도 옷 입는 것도 잊고 연습에 몰두하여 미치지 않고는 칠 수 없다는 악마의 곡, 라흐마니노프의 〈피아노협주곡 3번〉을 스물한 살의 나이에 완주합니다.

클라이맥스인 3악장 연주 장면은 피아노 소리가 아닌 건반 위의 격정적인 손놀림과 심장박동 소리, 숨소리만으로 처리되었고, 사 분여에 달하는 이 시간은 관객으로 하여금 절로 탄성을 자아내게 만듭니다. 이처럼 혼신의 힘을 다한 연주 모습과 소리(音)가 없음으로 인해 더욱 크게 울리는 소리(音)! 그리고 내면의 울림, 청중은 모두 일어나 박수갈채를 보내고 데이비드는 바닥에 고꾸라집니다. 절정의 순간 삶의 무게를 견뎌 내지 못한 청년 데이비드의 영혼은 와르르 무너져 내리고, 정신분열 증세로 병원에 입원한 뒤 데이비드는 서서히 사람들의 기억 속에서 잊혀져 갑니다.

그러던 어느 날, '주님의 도움으로(Help-god)', 주님의 모습으로 현신(現身)한 사람들의 사랑으로 헬프갓(Helf-gott)은 빛을 보게 됩니다. 오갈 데 없이 십 년 세월 넘게 정신병원에서 격리된 삶을 살았던 헬프갓은 성가대 반주자이자 자원봉사자인 베릴 여사를 만나 비로소 병원 밖의 공기를 마실 수 있게 됩니다. 비를 피하기 위해 들어간 어느 카페에서 피아노를 발견한 헬프갓은 미친 사람 취급하는 사람들의 시선을 뒤로하고 림스키코르사코프의 〈왕벌의 비행〉

을 훌륭하게 연주해 냅니다. 빠른 템포의 경쾌한 이 곡은 실제 데이비드 헬프갓이 평상시에 즐겨 연주하는 곡이라고 합니다.

피아노 앞에서 삶의 활력과 빛을 얻은 데이비드 헬프갓은 점성술사 길리언과 결혼하여 재기의 길을 걷습니다. 아내의 헌신적인 사랑에 힘입어 이십여 년 만에 영국 콘서트홀에서 연주회를 가진 뒤 감격의 눈물을 흘리기까지, 영화 〈샤인〉은 물결처럼 흐르는 피아노 선율에 천재와 정신장애라는 극과 극의 삶을 실어, 보는 이의 가슴에 파문을 일으킵니다.

상식 세 컷

1. 쇼팽 Fryderyk Franciszek Chopin, 1810~1849

피아노의 시인이라 불리는 쇼팽은 프랑스인 아버지와 폴란드인 어머니 사이에서 태어났습니다. 일곱 살에 피아노곡을 작곡하기 시작했고, 여덟 살에 공개 연주회를 처음 열어 제2의 모차르트라는 칭송을 받을 정도로 '천재 음악가'로 명성이 높았습니다. 열 살 때부터는 사라져 가는 폴란드 민요를 모아 그것을 바탕으로 새로운 춤곡을 만들었습니다. 따라서 쇼팽의 음악은 그의 혈통이 말해 주듯 폴란드의 민속적인 요소와 프랑스의 세련된 감각에 바탕을 두고 있습니다.

1849년, 쇼팽은 폐결핵으로 파리에서 죽음을 맞게 될 때까지 폴란드인이라는 긍지를 버리지 않았습니다. 폴란드를 떠날 때 갖고 온 한 줌의 흙을 평생 간직했고, 유해 위에 조국의 흙을 뿌려 달라는 유언을 남겼습니다. 작품으로는 〈즉흥 환상곡〉〈빗방울 전주곡〉〈환상 폴로네즈〉〈영웅 폴로네즈〉 외에도 이백여 곡에 달하는 피아노곡이 있습니다.

2. 데이비드 헬프갓 David Helfgott, 1947~

폴란드계 유대인으로 알려진 헬프갓은 제2차 세계대전 이후 오스트레일리아에 정착한 아버지 피터 헬프갓의 영향으로 어려서부터 피아노를 배웠습니다. 십사 세에는 오스트레일리아 전국 콩쿠르에 입상, 아이작 스턴으로부터 미국에 초청을 받기도 했습니다. 1966년 왕립음악원에 입학하기 위해 영국에 건너갔으며, 1967년에는 이십일 세의 나이로 라흐마니노프의 〈피아노협주곡 3번〉을 쳐 최연소 연주 기록을 세웠습니다. 1970년 다시 오스트레일리아로 돌아와 정신병원에서 지내다가 1980년 초 점성술사인 십칠 세 연상의 길리언과 결혼하면서부터 영혼의 안식을 찾고 연주 활동을 재개했습니다. 데이비드 헬프갓은 영화가 개봉되었던 1997년 우리나라에 와서 연주회를 가졌고, 현재 부인과 함께 전 세계로 순회공연을 다니고 있습니다.

3. 라흐마니노프 ^{Sergei Rakhmaninov, 1873~1943}

러시아의 작곡가, 피아니스트, 지휘자. 모스크바 음악원 재학 중에 비범한 재능을 보여 1892년, 졸업 당시 단막 오페라 〈알레코〉로 최고상을 받았습니다. 이후 외국을 순회하면서 연주 활동을 했는데, 거대한 스케일에 뛰어난 테크닉, 화려하면서도 개성적인 표현을 하는 피아니스트이자 작곡가로 명성을 떨쳤습니다. 1913년까지 모스크바 교향악협회 지휘자로 있다가 1917년 러시아 공산혁명 후에는 미국에 영주하였습니다.

라흐마니노프의 음악은 러시아의 민속적인 소재를 서구적 기법으로 처리하면서도 슬라브적인 애수가 흐르는 환상적인 곡이라고 평가됩니다. 주요 작품으로는 〈파가니니 주제에 의한 광시곡〉 〈피아노협주곡 제1번〉 〈피아노협주곡 제2번〉 〈피아노협주곡 제3번〉(〈샤인〉 주제곡) 등이 있습니다.

1. 영화 전반에 걸쳐 데이비드는 음악적 스승 외에도 인생에 영향을 주는 여러 인물들, 사회적인 스승들을 만납니다. 데이비드 헬프갓의 삶에 영향을 준 사람은 과연 누구였는지 시간순으로 이야기해 보세요.

✏️ 길잡이 초등학교 시절 데이비드 헬프갓의 음악적 재능을 발견한 로젠 선생님, 완숙한 연주를 할 수 있게 음악의 혼을 불어넣어 준 왕립학교의 외팔이 교수 팍스 선생, 청소년기 정신적 지주 역할을 했던 캐더린 여사, 정신병원이라는 감옥에서 빛을 보게 해 준 성가대 반주자 베릴 여사가 데이비드의 스승이자 영향을 미친 인물이라 할 수 있습니다. 그리고 또 하나, 엑스트라처럼 지나가지만 이 영화에서 주목해야 할 사람으로는 카페의 여종업원인 실비아를 들 수 있습니다. 첫 장면에서도 등장하듯 비 오는 밤, 시가를 물고 뛰어가는 이상한 사람을 모두가 행색이 초라하다는 이유 하나로 귀찮아하고 무시할 때 실비아는 한 번만 피아노를 치게 해 달라는 그의 소원을 들어줍니다. 사람을 외모로 평가하지 않고 편견 없이 타인을 대하는 건강한 마음의 소유자인 실비아는 볼 때마다 마음이 행복해지는 캐릭터입니다. 이 밖에도 어머니 같은 존재인 십칠 세 연상의 길리언 부인도 빼놓을 수 없겠죠?

2. 영화 속에 등장하는 클래식 음악에 대해 알아보세요.

✎ 길잡이   영화 〈샤인〉에서는 라흐마니노프의 〈피아노협주곡 3번〉 외에 유명 피아니스트들도 연주하기 어려워 피해 가는 쇼팽, 리스트, 림스키코르사코프 등의 곡들이 소년, 청년, 중년의 데이비드 손을 통해 연주되는 것이 흥미롭습니다. 영화에서 들리는 이 곡들은 실제 데이비드 헬프갓이 연주한 것이라고 합니다. 어린 데이비드가 첫 콩쿠르에서 연주한 곡은 쇼팽의 폴로네즈였고, 왕립학교에 유학할 당시 외팔이 팍스 교수에게 레슨을 받을 때 나오는 곡이 리스트의 〈라 캄파넬라〉입니다. 림스키코르사코프의 〈왕벌의 비행〉은 정신병원에서 나와 비 오는 날 밤 카페에서 시가를 물고 연주했던 곡입니다. 헬프갓과 길리언의 사랑의 테마로 쓰인 비발디의 〈세상엔 참 평화 없어라〉는 곡은 재기 연주 후 아버지 무덤을 찾아갔다 돌아오는 끝 장면에 흐르는 곡으로, 엔딩 자막이 오르고 난 뒤에도 가슴을 울립니다.

서편제

감독 임권택(1993년, 대한민국)
원작자 이청준(1976년)
등장인물 김명곤(유봉), 오정해(송화), 김규철(동호)
배경 20세기 초, 대한민국의 '길'
상영 시간 112분(12세 이상 관람가)
수상 1993년 대종상 작품·감독·촬영·신인 여우·신인 남우·녹음상,
1993년 상하이 국제영화제 감독상, 여우 주연상

소리의 감동, 그리고 아름다운 길을 따라가는 빛그림

〈서편제〉는 2002년 칸영화제에서 〈취화선〉이라는 영화로 감독상
을 받은 임권택 감독이 1993년에 만든 작품입니다. 1976년『뿌리깊
은 나무』라는 잡지에 발표된 이청준의 동명 소설을 원작으로 한 이
영화는 판소리˚라는 우리 고유의 전통음악을 소재로, 한국의 자연
과 한국인의 정서를 영상으로 잘 그려 냈다는 평을 받았습니다. 임
권택 감독은 작업 내내 공연장이나 라디오, 텔레비전에서 이따금
들어 오던 판소리, 분명 우리 안에 감추어진 소중한 것임에도 그저
그렇게 여겨지던 판소리의 맛을 어떻게 영상으로 보여 줄 것인가를
고민했다고 합니다.

　1960년대 초 전라도 보성, 주인공 동호는 소릿재 주막에 찾아가

판소리 서편제°의 한 대목을 들으며 의붓아버지 유봉, 배다른 누이 송화와 함께했던 어린 시절의 추억을 더듬습니다.

소리품을 팔기 위해 회갑 잔치에 불려 온 떠돌이 소리꾼 유봉은 그곳에서 동호의 어미 금산댁을 만나 자신이 데리고 다니던 수양딸 송화와 함께 새로운 생활을 시작합니다. 그러나 금산댁은 출산 도중 숨을 거두고 동호와 송화는 한 아버지 밑에서 오누이가 되어 삽니다. 유봉은 틈틈이 송화와 동호에게 소리를 가르치며 송화는 소리꾼으로, 동호는 고수로 키워 보려 하지만, 송화가 잘 따르는 데 반해 동호는 북장단이 엇나가듯 자꾸 엇나가기만 합니다.

해방 후 물밀듯이 들어온 양악으로 인해 판소리의 인기가 시들해지고 생활고까지 겹치자 결국 동호는 집을 뛰쳐나갑니다. 커다란 고목나무 아래 우두커니 서서 집 나간 동생을 기다리는 송화. 유봉은 동생을 잃은 슬픔 때문에 송화가 소리를 하지 않자 걱정에 휩싸이고, 송화마저 자신을 버리고 동호를 찾아 나설까 봐 두려워합니다. 결국 유봉은 애절한 한(恨)의 세계를 표현해 낼 소리에 대한 집착으로 부자(附子)를 섞은 한약을 먹여 송화의 눈을 멀게 합니다. 유

봉은 서서히 시력을 잃어 가는 송화를 정성껏 돌보고, 세월이 한참 흐른 연후에야 딸에게 눈을 멀게 한 일을 사죄합니다. 원망 한마디 하지 않는 송화. 유봉은 한적한 산골 폐가에서 쓸쓸히 죽고, 혼자 남은 송화는 전국 각지를 떠돌며 소리에 묻혀 삽니다.

한편 한약방의 직원으로 정착한 동호는 어른이 된 뒤에도 사방으로 누이를 수소문합니다. 아버지의 친구였던 낙산 아저씨의 도움으로 그동안의 사정을 알게 된 동호는 이름 없는 주막에서 더부살이하고 있는 송화를 만납니다. 동호는 자신을 숨긴 채 송화에게 소리를 청하고, 자신의 북장단에 맞춰 〈심청가〉 한 대목을 부르는 송화의 소리를 들으며 소리 없이 눈물을 흘립니다. 다음 날 새벽, 아무 말 없이 송화와 작별하고 버스에 오르는 동호. 송화 또한 앞을 볼 수는 없어도 익숙한 북장단 소리로 자기를 찾아온 손님이 동생이라는 사실을 알아차립니다. 송화는 동생이 떠난 뒤, 그동안 얹혀살던 객줏집 주인 홀아비와 작별하고 어린 딸을 앞세워

길을 떠납니다.

이 영화는 개봉 당시 최고 기록인 백만 관객을 동원했습니다. 흥행 성과뿐만 아니라 판소리, 국악, 나아가 우리 문화의 정체성 등 잊혀진 우리 것에 대한 바람을 일으키는 문화 현상을 가져온 영화로 자리매김되었습니다. 아울러 남도의 아름다운 산과 들의 사계, 아침저녁으로 달라지는 하늘빛 등 미세한 결을 섬세하게 표현한 영상이 돋보이는 수작입니다.

상식 두 컷

1. 판소리 다섯 마당

판소리에서는 작품 하나를 '한 마당'이라고 합니다. 현재 완창되고 있는 판소리는 〈춘향가〉 〈수궁가〉 〈심청가〉 〈흥보가〉 〈적벽가〉 다섯 마당입니다.

〈심청가〉: 어린 심청이 눈먼 아버지의 눈을 뜨게 하려고 공양미 삼백 석을 받고 뱃사람들에게 제물로 팔려 바닷물에 빠지나, 옥황상제의 도움으로 황후가 되고 아버지의 눈을 뜨게 한다는 이야기로, 슬픈 소리가 많습니다.

〈춘향가〉: 퇴기 월매의 딸인 성춘향이 남원 부사의 아들인 이몽룡과 백년가약을 맺고 잠시 이별한 사이 신임 사또의 수청을 거절하여 옥에 갇히나 암행어사가 된 몽룡이 구해 준다는 이야기. 판소리 다섯 마당 가운데 예술성이 가장 높은 마당으로 손꼽힙니다.

〈수궁가〉: 병든 용왕이 토끼 간이 약이 된다는 말을 듣고 자라더러 토끼를 꾀어 용궁에 데려오게 하나, 토끼는 꾀를 내어 용왕을 속이고 세상으로 살아 나간다는 이야기. 〈토끼타령〉 〈별주부타령〉 〈토별가〉 등으로 불리기도 합니다.

〈흥보가〉: 가난하지만 착한 아우 흥보가 부러진 제비 다리를 고쳐 주고 제비가 물어 온 박씨를 심어 부자가 되었다는 얘기를 듣고 심술궂은 형 놀보가 제비 다리를 일부러 부러뜨려서 고쳐 준 뒤 얻은 박씨를 심었다가, 박 속에서 나온 상전, 놀이패, 장수 따위에게 혼이 난다는 이야기. 〈박타령〉이라고도 합니다.

〈적벽가〉: 중국 소설 『삼국지연의』 중 적벽대전을 전후로 벌어지는 이야기를 판소리로 재창조한 것. 재창조하는 과정에서 원작이 재해석되어 조조가 졸장부로 등장합니다.

2. 서편제와 동편제

서편제란 판소리 삼대 유파(서편제, 동편제, 중고제)의 하나로 박유전이란 명창이 처음 만들었습니다. 광주, 나주, 보성 등지를 중심으로 발달했는데, 이 지역들이 섬진강 서쪽에 자리한다고 하여 서편제라 불립니다. 미려하고 맑으면서 한이 담겨 있다는 특징이 있습니다. 처음 소리를 낼 때에는 부드럽게 하고 창을 끊을 때에는 차마 끊지 못하는 것같이 끌어서 떼는 등 장단에 장식과 기교가 많습니다.

동편제는 판소리 제왕이라 일컫는 송흥록이란 명창이 맨 처음 만들었는데, 전라북도 운봉, 구례, 순창 등지에서 발달했습니다. 동편제 소리가 선천적으로 풍부한 성량이 요구되는 데 비해 서편제 소리는 후천적인 노력이 성패를 좌우하며 장단에도 잔가락이 많고 발림이 풍부합니다. 그래서 흔히들 서편제는 여성적이고 동편제는 남성적인 소리라 하는데, 이것은 도식적인 가름일 뿐, 영화 속 대사처럼 서편제든 동편제든 한을 넘어서는 소리를 하는 것이 소리꾼이 지향해야 할 득음(得音)의 경지가 아닐까 합니다.

함께 나눌 이야기

1. 우리 전통음악인 판소리가 왜 후대로 내려오면서 천대를 받게 되었는지 역사 속에서 그 이유를 찾아보세요.

✏️ 길잡이 조선시대만 해도 '노래를 잘 부르면 비단이 천 필' 이라는 말이 유행하였을 만큼 판소리는 시대를 대변하는 유행 음악이었습니다. 판소리의 부흥은 순조 때부터 시작되어 고종 때 절정을 맞이했으나 일제강점기에 접어들면서 쇠퇴기를 걸었습니다. 이후 양반과 상류사회를 중심으로 성행했던 판소리가 일반인을 상대로 무대 위에 서게 되었고, 주권이 없어지면서 양반이라는 단어는 점차 사라져 가고 매국노들이 득세하게 되었는데, 이러한 시대적인 변화는 소리(노래 또는 음악)를 하는 소리꾼들의 존재 기반을 흔들어 놓았습니다. 일제의 조직적인 문화 말살 정책은 우리 문화를 미개하고 천한 것이라 여기도록 세뇌하였고, 이로 인해 천대받는 소리꾼들은 전국을 배회하면서 유랑 극단의 일원이 되기도 했습니다. 더욱이 1930년대 후반을 기점으로 시작된 라디오 방송과 영화, 서구의 클래식 공연 등이 밀려들어 오면서 판소리는 설 자리를 잃게 되었지만 시간이 지날수록 그 진가를 인정받아 2003년 유네스코가 뽑은 세계무형유산 걸작에 선정되어 세계적으로 그 우수한 가치를 인정받게 되었습니다.

2. 엉화 속에 나오는 판소리와 민요들을 찾아보세요.

　　🖉 길잡이　영화 속에서는 〈춘향가〉〈심청가〉가 배우 오정해
와 김명곤의 소리 그리고 명창 안숙선의 소리로 들려집니다. 동호와 송화
가 나무 아래서 〈춘향가〉의 '사랑가'를 연습하고 부르는 장면, 눈먼 송화가
〈춘향가〉 중 '옥중가'를 배우는 장면도 그렇지만 특히 영화의 마지막 부분
동호와 송화가 다시 만나 〈심청가〉를 부르는 대목은 우리 한국인의 고유 정
서인 한을 승화시켰다는 평을 듣는데, 이 부분은 명창 안숙선 선생님이 목
소리 연기를 했습니다. 한편 〈진도아리랑〉은 툇마루에 앉아 아버지 유봉
에게 처음 소리를 배우는 대목에서 나오고, 그 유명한 롱테이크 장면에서
도 나옵니다. 오 분에 달하는 시간 동안 고개 중턱에서 아래까지 〈진도아
리랑〉을 부르며 걸어오는 장면에서 셋은 마치 애드리브를 하듯 주거니 받
거니 차례차례 노래를 부릅니다. 자신의 처지에 맞는 노랫말을 만들어 부
르고 "아리 아리랑~ 쓰리 쓰리랑~ 아라리가 났~ 네에헤에!" 하고 후렴
구를 합창하는데, 이 대목에서 민요나 판소리가 '열린 예술'이라는 것을 다
시 한번 확인할 수 있습니다.

이용관

부산국제영화제 조직위원회 집행위원장
동서대학교 임권택영화예술대학 학장

원고를 읽고 난 뒤의 신선한 충격을 잊을 수 없습니다. 그동안 영화읽기 지도에 심혈을 기울여 온 저자의 열정과 고민이 고스란히 녹아 있는 글은 영상문화 교육의 일선에서 답보하고 있던 저에게도 많은 가르침을 주었습니다.

글의 표현 하나하나에 정성이 가득 담겨 있었고, 소박하고 겸허하게 해설하면서도 본래의 뜻을 명확하게 제시하고 있어 인상적이었습니다. 어린이와 청소년에 대한 자상한 태도와 그들의 자기 계발을 이끄는 효과적인 방법론이 잘 어우러져 있을 뿐만 아니라 문장의 틈새와 행간을 통해서 성취될 수 있는 상상력 계발도 훌륭하게 연결되고 있습니다. 더욱이 학부모들과 일선 교사들이 자녀와 학생과 함께 영화를 감상하고 토론할 수 있는 공동의 장도 적절하게 배치해 놓았습니다. 모름지기 영화 교육의 새로운 장을 이끌 수 있는 계기를 마련해 놓았다고 감히 말하고 싶습니다.

영화와 글의 구성도 새로운 차원으로 접하도록 배려했습니다. 미디어 리터러시(Media Literacy)가 새로운 화두로 떠오르고 있는 오늘의 상황과 현상에 맞춰 읽기와 찾아보기, 스스로 생각하기를 단계적으로 배치하되 제목과 내용들을 유기적으로 구성해 어린이와 청소년 들에게 미치는 교육적 효과를 극대화하고 있습니다. 이는 그간 저자가 영상문화 교육 현장에서 직접 경험해 온 결과일 것입니다.

특히 저자는 학부모들이나 일선 교사들이 영화를 통해 흥미롭게 아이들을 교육하도록 돕는 독창적인 방법을 개발해 왔습니다. 그중에서도 영화읽기 지도자 양성 과정을 기획, 실천해 온 성과는 이미 이 분야의 선도적인 사례로 널리 상찬받고 있습니다. 이를테면 영화읽기를 단순한 영화 감상이 아니라, 영화로 보는 역사, 성장, 예술 등으로 전진시키면서 자발적인 독서와 사유까지 가능하도록 주제를 구성하고 여러 방법들을 제시했습니다. 이는 그동안 유행처럼 발간되어 온 구태의연한 교재들에 일침을 가하는 한편, 그 대안을 고민해 오던 교사와 학자 들에게도 새로운 이정표가 되고 있습니다.

다시 한번, 어린이와 청소년 들에게 눈높이를 맞추고 새로운 방향을 제시한 저자의 뛰어난 업적에 감사드립니다. 모쪼록 이 분야에 관심과 노력을 기울이고 있는 많은 분들에게 좋은 지침서가 될 수 있기를 바랍니다.

박재동

한국예술종합학교 영상원
애니메이션과 교수

나는 가끔 영화평을 본다. 그 영화평들은 대부분 어렵거나 내용보다는 글솜씨를 뽐내려는 듯한 느낌을 준다. 그래서 나를 주눅 들게 만들거나 불편하게 한다. 그러던 중 만나게 된 저자의 글은 쉽기도 하거니와 재미있고, 그러면서도 나를 긴장하게 만든다. 바로 내가 원하던 글이다. 영화를 좋아하고 사랑하게 만들어 주는 글, 나는 이 점이 가장 중요하다고 생각한다.

사실 영화는 보는 사람과의 소통을 목적으로 많은 돈과 노력을 들여 만들지만, 그렇게 하는 데에는 어려움이 많다. 그러나 저자의 글을 읽고 있노라면 '아! 이렇게 많은 뜻이 있는 것을 나는 모르고 봤구나!' 하는 생각이 절로 든다. 음식을 천천히 꼭꼭 씹어 가면서 먹을 때 느낄 수 있는 각양각색의 맛을 저자가 성실히 조사한 자료와 정보를 통해 음미했고, 또 한 번 영화를 본 듯 즐거웠다.

더구나 저자는 자신만의 독특한 영화 접근법으로 학생들을 위한 영화 교육까지 한단다. '영화읽기'라는 프로그램으로 영화도 보고 공부도 할 수 있다니! 정말 꿈의 프로그램이 아닐 수 없다. 교사 출신인 내 경험에 비추어 보아도 교과과정을 완전히 이해하고 따라가는 학생은 한 반에 5%를 넘지 않는다. 모두 공부를 지겹고 어려운 것으로 생각한다. 내가 까까머리 중학생이던 시절에 이런 프로그램이 있었다면 굳이 보충수업비를 가지고 영화를 보러 다니지는 않았을 것이다. 매일같이 영화를 보러 다니며 보고 나서 줄거리를 노트에 썼던 그 시절, 영화는 내게 얼마나 소중했던가!

물론 영화읽기는 자칫 영화의 오락적 재미마저도 빼앗아 버릴 수 있는 위험성을 안고 있기는 하다. 그러나 현장에서의 교육 경험을 바탕으로 한 저자의 영화읽기는 새 시대 새 교육을 여는 문이 될 것임을 의심치 않는다. 그래서 나는 지금 저자와 함께 영화읽기를 할 수 있는 요즘 아이들이 부럽다.

괴롭지 않은 공부 시간이여, 어서 오라!
그래서 즐거운 세상이여, 어서 오라!
아이들이 이 세상을 살고 나서,
인생은 아름다웠다고 말할 수 있도록……

—

함께 보면 좋을 영화들

—

역사

간디 리처드 애튼버러

글래디에이터 리들리 스콧

늑대와 춤을 케빈 코스트너

위대한 독재자 찰리 채플린

라이언 일병 구하기 스티븐 스필버그

리틀 빅 히어로 스티븐 프리어스

마지막 황제 베르나르도 베르톨루치

모던 타임즈 찰리 채플린

미션 롤랑 조페

불을 찾아서 장 자크 아노

브레이브 하트 멜 깁슨

쉰들러 리스트 스티븐 스필버그

아이언 마스크 랜들 윌리스

알렉산더 대왕 로버트 로슨

애나 앤드 킹 앤디 테넌트

엘리자베스 세카르 카푸르

인생 장예모

잔 다르크 뤼크 베송

장미의 이름 장 자크 아노

JFK 올리버 스톤

진주만 마이클 베이

쿤둔 마틴 스코세이지

태양의 제국 스티븐 스필버그

파 앤드 어웨이 론 하워드

파워 오브 원 존 G. 아빌드슨

패트리어트: 늪 속의 여우 롤란트 에머리히

플래툰 올리버 스톤

우리 근현대사

개벽 임권택
건축무한육면각체의 비밀 유상욱
공동경비구역 JSA 박찬욱
그 섬에 가고 싶다 박광수
꽃잎 장선우
아름다운 청년 전태일 박광수
영원한 제국 박종원
이재수의 난 박광수
태백산맥 임권택

성장

굿바이 마이 프렌드 피터 호턴
길버트 그레이프 라세 할스트룀
내 친구의 집은 어디인가
아바스 키아로스타미
리틀 킹 스티븐 소더버그
뽀네뜨 자크 드와이옹
사운드 오브 뮤직 로버트 와이즈
슈팅 라이크 베컴 거린더 차다
시네마 천국 주세페 토르나토레
아름다운 비행 캐럴 발라드
정복자 펠레 빌레 아우구스트
죽은 시인의 사회 피터 위어
집으로 이정향
차스키 차스키 엘라 렘하겐
책상 서랍 속의 동화 장예모
천국의 아이들 마지드 마지디
푸줏간 소년 닐 조던
하얀 풍선 자파르 파나히

—

가 볼 만한 웹 사이트

—

예술

그림 속 나의 마을 히가시 요이치	**무비스트** www.movist.com
까미유 끌로델 브뤼노 뉘탕	**박재환의 영화읽기** www.kinocine.com
라임 라이트 찰리 채플린	**씨네라인** www.cineline.co.kr
비욘드 사일런스 카롤리네 링크	**윤희윤의 영화읽기**
사랑은 비를 타고 진 켈리	cafe.daum.net/cinebud
송 오브 노르웨이 앤드루 L. 스톤	**씨네 21** www.cine21.co.kr
오페라의 유령 아서 루빈	**영화진흥위원회** www.kofic.or.kr
왕의 춤 제라르 코르비오	**한국영상자료원** www.koreafilm.or.kr
차이코프스키 이고르 탈란킨	**한국영화읽기진흥원** www.kcrpa.com
취화선 임권택	
파리넬리 제라르 코르비오	
피아니스트 로만 폴란스키	
홀랜드 오퍼스 스티븐 헤렉	

—

도움이 된 글

—

김경묵·우종익, 『이야기 세계사』, 청아출판사, 2002

김정환, 『클래식은 내 친구』 2, 웅진지식하우스, 1995

김학민, 『오페라 읽어주는 남자』, 명진출판, 2001

남경태, 『종횡무진 서양사』, 그린비, 1999

　　　　『인간의 역사를 바꾼 전쟁 이야기』, 풀빛, 2002

남경태·이가은, 『한눈에 보는 세계사 오천년』, 웅진주니어, 1998

대명서점편집위원회, 『에세이 세계사: 고대』, 백산서당, 1996

데이비드 로빈슨, 지현 옮김, 『찰리 채플린』, 시공사, 1998

레오나르도 다빈치, 김현철 옮김, 『한 천재의 은밀한 취미』, 책이있는마을, 2002

로저 키징, 『현대문화인류학』, 현음사, 1985

리차드 리키 외, 김광억 옮김, 『오리진』, 학원사, 1983

마빈 해리스, 박종렬 옮김, 『문화의 수수께끼』, 한길사, 1998

미셸 파루티, 권은미 옮김, 『모차르트: 신의 사랑을 받은 악동』, 시공사, 1999

시오노 나나미, 김석희 옮김, 『로마인 이야기』 4, 한길사, 1996

신동헌, 『재미있는 음악사 이야기』, 서울미디어, 2002

　　　　『재미있는 클래식 길라잡이』, 서울미디어, 2000

안동림, 『이 한 장의 명반: 오페라』, 현암사, 2002

앤드루 휴즈, 햇살과나뭇꾼 옮김, 『세계의 미술가 기행―반 고흐』, 웅진지식하우스, 1996

어빙 스톤, 최승자 옮김, 『빈센트 반 고흐, 생의 불꽃 속에서』, 까치, 1981

연세 어린이 역사교실 감수, 『킹피셔 어린이 세계사 백과사전』, 파랑새어린이, 2002

에른스트 H. 곰브리치, 이내금 옮김, 『곰브리치 세계사』 1, 자작나무, 2001

우리누리, 『새로 쓰는 이야기 세계사』 3, 소담출판사, 1994

『어린이 시사마당―세계사 국제 관계편』, 랜덤하우스코리아, 2000

『위대한 화가 아름다운 그림 70선』, 웅진주니어, 1995

윤종배, 『윤선생님과 함께하는 5교시 국사 시간』, 역사넷, 2000

이덕희, 『세기의 걸작 오페라를 찾아서』, 작가정신, 1999

이성재, 『재미있는 국악 길라잡이』, 서울미디어, 1999

21세기연구회, 김향 옮김, 『지명으로 보는 세계사』, 시공사, 2001

장 미셸 살망, 은위영 옮김, 『사탄과 약혼한 마녀』, 시공사, 1999

전국역사교사모임, 『살아있는 한국사 교과서』 1, 휴머니스트, 2002

제임스 엘리슨, 최유경 옮김, 『불멸의 연인』, 서적포, 1995

토머스 모어, 박병진 옮김, 『유토피아』, 육문사, 2002

파스칼 보나푸, 송숙자 옮김, 『반 고흐, 태양의 화가』, 시공사, 1995

필립 솔레르스, 김남주 옮김, 『모차르트 평전』, 효형출판, 2002

한창완, 『애니메이션 영상미학』, 한울, 1998

헨드릭 빌렘 발 룬, 박성규 옮김, 『인류 이야기』 1, 아이필드, 2002

〈청소년 미술감상―고흐편〉, EBS, 1999

〈클래식 이야기―모차르트편〉, EBS, 1998

〈클래식 이야기―베토벤편〉, EBS, 1998

www.ohphilia.com

숨겨진 세상을 만나는 영화읽기

이 영화 함께 볼래?

ⓒ 윤희윤 2004 · 2015

초판발행 2004년 1월 5일
개정판 1쇄 발행 2015년 8월 20일
개정판 3쇄 발행 2020년 9월 2일

지은이 윤희윤
펴낸이 염현숙
책임편집 서정민
편집 원선화 이복희
디자인 이지선
마케팅 정민호 나해진 최원석
홍보 김희숙 김상만 지문희 우상희 김현지
제작 강신은 김동욱 임현식
제작처 한영문화사

펴낸곳 (주)문학동네
출판등록 1993년 10월 22일 제406-2003-000045호
주소 10881 경기도 파주시 회동길 210
전자우편 kids@munhak.com
홈페이지 www.munhak.com
카페 cafe.naver.com/mhdn
트위터 @kidsmunhak
페이스북 facebook.com/kidsmunhak
북클럽 bookclubmunhak.com
대표전화 (031)955-8888
팩스 (031)955-8855
문의전화 (031)955-8890(마케팅) (02)3144-3238(편집)

ISBN 978-89-546-3744-2   03680

잘못된 책은 구입하신 서점에서 교환해 드립니다.

이 도서의 국립중앙도서관 출판예정도서목록(CIP)은 서지정보유통지원시스템 홈페이지(http://seoji.nl.go.kr)와
국가자료종합목록 구축시스템(http://kolis-net.nl.go.kr)에서 이용하실 수 있습니다.(CIP제어번호: CIP2015021512)